小红帆

写给中国儿童的

科学巨人 诺贝尔

张芳 ◎ 主编

东北师范大学出版社
NORTHEAST NORMAL UNIVERSITY PRESS

写给中国儿童的名人传记故事

前言

名人故事是名人一生经历的总结，可以点燃孩子心中的激情与梦想。许多伟大的历史人物，在青少年时期，确定自己的人生目标的时候，都曾经从名人身上寻找榜样，汲取动力。孩子在阅读名人故事的过程中，可以从名人身上吸取成功的经验，学习他们为获得成功养成的良好品质，以及面对困难时的积极、乐观的态度，以及刻苦努力、坚持不懈的精神，从而少走弯路，不断走向成功。

为此，我们特邀众多国内权威教育专家与一线教育工作者一起编写了这套《写给中国儿童的名人励志故事》。这套书精选了爱因斯坦、牛顿、贝多芬、居里夫人、富兰克林、爱迪生、霍金、诺贝尔、乔布斯和比尔·盖茨共十位极具代表性的国外名人，用生动、优美的语言详略得当地讲述了他们奋斗的一生。霍金虽身患重病但依然坚持科学研究、贝多芬不向命运低头、比

尔·盖茨用软件改变世界……孩子在这些名人故事中可以领略到不同行业的风景，获得人生智慧，感受名人魅力。

这套书不是简单地堆砌名人材料，而是选取他们富有代表性或趣味性的故事，以点带面，从而折射出他们波澜壮阔、充满传奇的人生和多姿多彩、各具特点的个性。另外，我们在每个章节后面，都设置了一个"成长加油站"，将名人故事与孩子成长过程结合起来，从而使孩子收获成长的养分；而"延伸思考"版块则根据章节内容，向读者提问一到两个问题，引导孩子深入思考，获得启发。

希望在这些名人的陪伴下，我们的小读者能够不断茁壮、健康地成长，成为一个对国家和社会有益的人！

目　录

第一章　小诺贝尔的幸福童年…………………… 1

第二章　短暂的学校生活………………………… 5

第三章　爸爸的炸药实验………………………… 10

第四章　父亲的来信……………………………… 14

第五章　妈妈变卖家产…………………………… 18

第六章　迁居俄国………………………………… 23

第七章　出国考察………………………………… 30

第八章　初恋和恩师……………………………… 35

第九章　诺贝尔的心病…………………………… 41

第十章　研制新式蒸汽机………………………… 48

第十一章　初遇硝酸甘油………………………… 54

第十二章　专利权之争…………………………… 60

第十三章　突发横祸…………………………68

第十四章　勇于承担责任………………………71

第十五章　公开试验打消疑虑…………………77

第十六章　新型炸药的诞生……………………81

第十七章　法国的金发少女……………………89

第十八章　"招聘"来的爱情……………………94

第十九章　又苦又甜的18年 ………………… 104

第二十章　把爱留在人间……………………… 115

第一章　小诺贝尔的幸福童年

1833年10月21日，在瑞典首都斯德哥尔摩的石头房子里，妈妈看着怀里的宝宝，问孩子的爸爸："孩子他爸，给儿子取个什么名字呢？"爸爸说："阿尔弗雷德·诺贝尔，你觉得好听吗？"妈妈点点头，表示认可。阿尔弗雷德·诺贝尔是家里的第三个儿子，下文就称呼他为诺贝尔吧。

在诺贝尔出生前两年，家里的生活条件还不错，在高档小区有一栋独门独户的别墅。可是，在他出生的前一年，家里出了意外，一场大火把房子烧掉了，全部家产都被大火吞噬了。不久，父亲的生意也不景气，他承包的建筑建材市场因经营不善而破产了。不甘心的父亲想给妻儿创造更好的生活条件，便到异国他乡去碰运气。

诺贝尔从小就体质虚弱，面黄肌瘦，个头矮小，皮肤苍白，只有眉毛下那双炯炯有神的大眼睛闪烁着生命的光芒。

小诺贝尔幼年时疾病缠身，经常发高烧而说胡话。有一天夜里，他又发烧了，还不停地叫妈妈："妈妈，太阳升起来了，我看见青蛙和田鼠，读哥哥们的书……妈妈，我要起

床啊！"这时候母亲柔声安慰他："孩子，现在是夜晚啊！乖，安静地睡一会儿吧，等天亮了，烧退了，你就可以起床了，去看看小动物们，好不好啊，儿子……"母亲说着强忍住泪水，在心里默默地为他祈求平安。第二天，他退烧了，看到母亲红肿的双眼，他知道，昨天夜里母亲又守护了他一夜。他很心疼母亲，于是他在心里发誓：我一定要健健康康地活下去，不能辜负妈妈的爱。他也知道母亲经常忧心忡忡地守护在自己的床边，总是悉心照料着自己。

诺贝尔从小就很懂事，体贴母亲，性情温顺。母亲让他吃什么，他都会乖乖地吃。为了让母亲放心，他总是遵从母亲的嘱咐。母亲也从精神上、物质上和感情上千方百计地满足他的需求，不但悉心料理他的衣食，还为他讲故事、唱儿歌、读书等，窄小的病房变成温馨、开阔的世界，使他疾病缠身的童年时代闪烁着幸福之光。

一个阳光明媚的清晨，他微笑着问妈妈："妈妈，我感觉身体好多了，我可以看看哥哥的语文书吗？"母亲看到他的精神状态和身体状况都不错，就点点头应允了。但是，母亲还是不放心地叮嘱他："儿子，看看书上的图片吧，不要认读生字和词语，因为妈妈怕你太累了！"他点点头。

诺贝尔在母亲的悉心照料下，终于离开了病床。虽然他还身体还是很虚弱，但总算活了下来。

他与两个哥哥的关系非常融洽，他一直将两个哥哥作为

自己学习的榜样，无论哥哥们说什么或做什么，他都聚精会神地听，目不转睛地看。他对于哥哥们说的话做的事，不仅感兴趣，也愿意了解。

他之所以那么敬重两个哥哥，一方面是因为他的哥哥们天资聪颖、人品良好，另一方面是由于他具有虚心好学的习惯。大哥罗伯特比他大4岁，善于观察，心灵手巧，具备管理的天分；二哥路德维格比他大两岁，能言善辩，机智幽默，具备谈判的才能。

小诺贝尔也有过人之处，那就是他的超常智慧。有时候他的小脑瓜突然冒出一个见解或者是一个想法，竟然是那么不同凡响，使母亲感到由衷的骄傲：她一手拉扯大的三个儿子个个都不简单啊！

今日的斯德哥尔摩

成长加油站

诺贝尔小时候体质虚弱,他的母亲照料着他度过了体弱多病的童年。他天资聪颖,从童年时代就虚心好学,以两个哥哥为学习榜样。小朋友,如果你长大后也想成为出色的人物,一定要早日培养你的好习惯——虚心好学。

延伸思考

1.小朋友,小诺贝尔的妈妈是怎样带给他幸福的童年的?

2.小孩子从小就要懂得向身边的人虚心学习。小朋友,请你仔细想一想,你做到了吗?

第二章　短暂的学校生活

时间过得很快，转眼间小诺贝尔已经8岁了，到了上学的年龄了。他每天看着大哥和二哥背着书包上学，就迫不及待地问母亲："妈妈，我也想上学，什么时候让我背上小书包呢？"妈妈："儿子，书包还没给你缝好呢！"

小诺贝尔问妈妈："妈妈，是不是书包缝制好了，我就可以上学了？"母亲点点头。小诺贝尔看到妈妈点头答应了，开心地跑到房间里去找哥哥们的课本看。

母亲看着儿子瘦弱的小身板，心里十分矛盾，嘴上答应了内心又不情愿。她试图说服自己：儿子已经8岁，该上学了。可是，他是个体弱多病的孩子，从来没离开过家啊，一旦去了学校，有些粗暴的孩子欺辱、耍笑他，他能扛得住吗？但上学这一步是必需的，总不能把孩子永远关在家里吧？孩子终究要独立的，总不能永远待在自己的保护伞下不出门吧！她强迫自己下决心，让诺贝尔去上学。

一天，小诺贝尔悄悄地走进房间，来到正在缝书包的母亲身旁，告诉母亲自己在看什么书。母亲听到儿子的看书速

度，握针的手一抖，眉头微微地皱了一下，赶忙把手从书包上移开。小诺贝尔见母亲的手指上流出了鲜红的血液，又惊慌又心疼地说："妈妈，你的手流血了，疼不疼啊？都怪我，要是我不提看书的事你就不会……"小诺贝尔哭了，哭得很伤心；他的母亲也哭了，哭得更伤心。她俯下身来，用双臂将矮小瘦弱的小诺贝尔揽在怀里，柔声安慰他："不怪你啊儿子，你喜欢看书，说明你有上进心，妈妈开心还来不及呢，怎么会怪你呢。只是你从小身体就不好，妈妈是担心你的身体被累垮了……刚才是妈妈心不在焉，不小心扎到了手指。不要哭啊，你是个男子汉，应该像你爸爸那样，坚强一些……"一提到孩子的爸爸，她又想起只身在海外打拼的丈夫，他离家已经4年了。尽管丈夫在外4年来没给家里写过一封信，她独自领着三个未成年的孩子，但她依然用一颗坚强的心支撑着生活。在寂静愁苦的岁月里，她仍把丈夫当作精神支柱和依靠，每当遇到大喜大悲的事情，心情大起大落的时候，总是默默地向远方的丈夫倾诉。

这时，她眼看着病弱的小儿子将要离开自己的身边，独自去上学，不由得担心、忧虑，她一会儿开心，一会儿又悲伤。在这个又悲又喜的时刻，她又默默地向远方的丈夫倾诉："亲爱的，我们在最贫困的日子里，生下了诺贝尔，他从小就体弱多病，幸亏他像你一样意志力坚强，总算活了下来，如今长到了8岁，到了上学的年纪了，个头长高了，身体

也比从前好多了。你知道这些消息的时候，一定会和我一样开心吧……"

她同远方的丈夫说了很多心里话，说到伤心处还会掉眼泪。哭过了，心情好了一些，情绪也稳定了。她觉得，诺贝尔上学这件事，丈夫也会同意的。

开学了，诺贝尔高高兴兴地背着书包去上学。令母亲感到惊奇的是，他居然很快就适应了学校的环境，一心扑在功课上，全神贯注地听讲，如饥似渴地学习。他忘了自己体弱多病，健康状况反而渐渐地好转起来。

每当母亲问起他对学校的学习生活和适应情况时，他都高兴地对母亲说："在学校里，一切都很好呢！放心吧，妈妈。我在学校里过得很充实：可以读书识字，可以向学习成绩优异的同学们学习，可以站在学校的操场上看同学们踢球……"

母亲专注地听他讲述着学校里的一切，等他讲完了，这才关切地问："老师对你好吗？同学们都很友好吗？"诺贝尔微笑地点头，母亲看到他的笑容，也逐渐地放下心来。

不过，诺贝尔的话有报喜不报忧的成分。其实，他在学校里也有苦恼和忧愁的事儿。那就是他感到孤独、不合群。当小朋友们高高兴兴地在一起游戏的时候，他只能站在一旁观看。

这不仅使自己陷入孤独无助的境地，而且引起同学们的憎恶和歧视。为了摆脱这种困境，他曾一反常态，去参加足球赛等剧烈运动。他本想在同学们面前显露一手，借以改变一下自

科学巨人诺贝尔

诺贝尔故居内的藏书

己在他们心目中的形象，可是他天生羸弱的身体受不了剧烈运动的折腾，一时的冲动反而导致旧病复发。

为改变自己的孤立状态所做的种种努力失败后，他丧失了在同学间交友的信心，便默默地同大自然亲近。他常常一个人到河边、丘陵、田野上，与在野草繁花间嬉戏的田鼠、青蛙、昆虫、蜜蜂、蝴蝶等小动物广交朋友……

他渐渐地把自己融化在大自然的怀抱里，在那里找到了精神寄托。那蔚蓝的天空和浮动的白云，那形形色色的动物，那千姿百态的花草，是那么富有魔力地扯动着他的心魂，使他惊叹大自然的完美和生命力的神奇。

诺贝尔在学校里的遭遇，虽然使他感觉孤独和烦恼，但也培养了他观察自然的爱好，他把自然当作一本最好的教科书来加以研究，从中体验到赏心悦目的审美情趣。

有一次，诺贝尔因病请假了，没有及时领取考卷。当他出现在教室里的时候，他的同桌和另外几个同学便一起大喊："得高分的同学来了，得高分的同学来了……"他问同

桌："谁得了高分？"同桌懒洋洋地回答："谁昨天没来领考试卷子就是谁呗！"诺贝尔不知道的是：在同年级的82人中，只有两个人取得了这样优异的成绩。

诺贝尔就读的那所学校，是斯德哥尔摩的圣雅各布高级卫道士小学。在这所学校里接受的正规教育，为他后来成为举世闻名的科学家奠定了坚实的知识基础。遗憾的是，他短暂的学校生活，很快便因家庭的外迁而终止了。

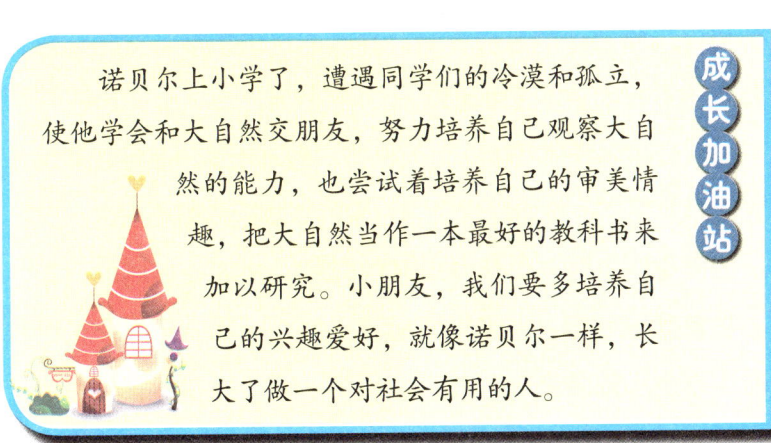

> **成长加油站**
>
> 诺贝尔上小学了，遭遇同学们的冷漠和孤立，使他学会和大自然交朋友，努力培养自己观察大自然的能力，也尝试着培养自己的审美情趣，把大自然当作一本最好的教科书来加以研究。小朋友，我们要多培养自己的兴趣爱好，就像诺贝尔一样，长大了做一个对社会有用的人。

延伸思考

1.诺贝尔在学校的遭遇会对他有什么影响？他热爱大自然之后有什么样的收获？

2.诺贝尔没有陷入同学们的孤立和冷漠里，小朋友，诺贝尔是如何做到的呢？

第三章 爸爸的炸药实验

诺贝尔的父亲伊曼纽尔先生,是一位富有发明创造才华的传奇人物。他的风云莫测、兴衰起伏的生涯,对他的家庭及其孩子们产生了重大影响。

伊曼纽尔身体壮硕,为人机警,做事干练,又足智多谋。在他14岁那年,被妈妈送去当水手,跟随远洋帆船出海。

伊曼纽尔的妈妈转身离开的时候,他看着妈妈的身影,心里默默地发誓:亲爱的妈妈,你放心,我一定好好工作,努力创出一番事业来。

伊曼纽尔所在的远洋帆船在埃及靠岸后,他便悄然地离开了货船。

伊曼纽尔在国外经历了千辛万苦,过了三年充满艰险和磨难的生活,积累了一笔数量有限的资金和受用终生迎接生活挑战的胆识与经验,于1818年返回他的祖国瑞典。

由于在建筑技术方面受到良好的训练,他在斯德哥尔摩完成了不少建筑工程和创新项目。1835年,他开设了瑞典第一家橡胶工厂,生产胶布、外科工具、军用背包、浮桥部

件、救生衣和床垫等产品。

伊曼纽尔思想超前,可以说,他的才华推动了历史的进程,应该受到奖励和鼓舞。然而,在这位发明家前进的道路上,并没有喝彩的人群,也没有洒满阳光和鲜花。相反,他像一切走在时代前头的探索者一样,遭受到墨守成规的人的误解和歧视。

1837年的一天早晨,诺贝尔和两个哥哥还沉睡在梦乡,忽然从后院传来一声震天动地的巨响,被惊醒的孩子们匆忙赶到出事现场。这时,受惊的邻居们也纷纷聚集到院子里,对伊曼纽尔大喊大叫。其中一个邻居大声斥责他:"你这个疯子,你打算将我们都炸死吗?"伊曼纽尔赶紧道歉和解释:"对不起,我的实验不会炸死人的,没有你想象的那么可怕……"孩子们怒目而视这位邻居,希望邻居不要再说伤害父亲的话语。伊曼纽尔却毫不理会这位邻居的责骂,面带笑容地站在制造炸药的实验棚子前面,正为一种新炸药的配方成功而兴高采烈。

邻居更加恼怒了,大声嚷嚷着:"你还抵赖?疯子!不可理喻!我要告发你,让你搬家!"他耐心地向邻居们解释:"这种实验是小规模的,不会发生任何危险,更不会炸死我们这里的任何一个人……"可是,他的解释却进一步激起了众怒,大家指手画脚,高声训斥,对他展开围攻。伊曼纽尔被众人推搡着,眼看就要被拳打脚踢了,孩子们赶紧报警。诺贝尔却在心里发誓:将来长大了一定要帮助父亲,一起将父亲的发明创造发扬光大。

后来这次事件的影响进一步扩大，市政当局出面禁止伊曼纽尔进行爆炸实验。他为了自己的科学实验，早已债台高筑了。债主们原指望他实验成功分享钱财和荣誉，而今见他的实验被禁止，便纷纷上门逼债，扬言如不按期还债又提不出令人信服的新保证，将送他去坐大牢。

研制炸药实验没有被市政当局发布禁令以前，伊曼纽尔就有离开瑞典到海外去发展的念头。至今没有动身，那是因为他想通过研制炸药来改变经济困境，可惜的是，这个希望也破灭了，从而去海外发展的念头更强烈了。

有一个俄国政界人物哈尔特曼博士，曾经率领商业代表团访问过瑞典首都斯德哥尔摩。这一次，伊曼纽尔又抓住了时机，因为他不失时机地拜访了博士，极力向博士宣传他的炸药实验前景和实用价值，想引起俄国军界对这项实验的兴趣。

哈尔特曼博士对他的炸药实验表现出了很大的热情和兴趣，对他说："伊曼纽尔先生，我建议你迁居芬兰。在芬兰，你可以继续这项研究工作，我会把你推荐给圣彼得堡的研究机构。"

性格率真的伊曼纽尔问："那么，迁居的经费……"由于哈尔特曼博士非常欣赏他的才能，所以很慷慨地说："钱的事情你不用担心，我会为你申请经费的，放心去吧。那儿适合你做研究……"

伊曼纽尔这次去海外与上次是不同的，上一次他才十四

岁,还没成家立业;这一次是告别妻儿,肩膀上有了家的责任和义务。

成长加油站

父亲对于我们童年的影响力是很大的,比如诺贝尔的父亲不仅仅是一位热爱发明创造的人,他还是一个多才多艺的科学家、发明家、建筑艺术家。他不但具备英勇无畏的冒险精神,他还会为了梦想而坚持不懈、奋斗不息。可以这么说,诺贝尔后来的发明创造和实业工厂的成功,都离不开父亲言传身教的影响。诺贝尔父亲身上的实干精神,不屈不挠、勇于创新、善于学习、坚持不懈等方面的品质对于诺贝尔有着深远的意义。

延伸思考

1.诺贝尔父亲身上的哪些精神品质深深地影响着小诺贝尔?

2.小朋友,请你仔细想一想,你的志愿是什么?你的爱好又是什么?

第四章　父亲的来信

性情活跃的伊曼纽尔远走他乡之后，家里一下子变得冷冷清清。对于家庭气氛的突变，诺贝尔的两个哥哥都不习惯了。

大哥罗伯特大清早就离开死气沉沉的屋子，整天不着家，大部分时光消磨在圣雅各预备学校；二哥路德维格一有机会就溜之大吉，找小伙伴们玩耍。只有诺贝尔感到轻松，因为他不喜欢父亲在屋子里打雷般高声讲话的样子。

没过多久，伊曼纽尔从芬兰来信，说他已经找到了试验炸药的机会。他正在进行两种实验：一是保卫海港的水雷，二是保卫据点的地雷。如果这两项研究成果在演习时能取得令人信服的效果，他就会再找机会向俄国军队表演他的新发明。

转眼间伊曼纽尔离开家已经有4年了。在这4年里，他很少来信。从他的外向型性格和有了一点点的好事都会兴高采烈地向家里人报喜的做法来看，他这几年在外边并没找到转运的机会。

有一天，诺贝尔放学回家，发现母亲和两个哥哥都很高

兴。诺贝尔开心地问母亲："妈妈，我爸爸回来了吗？"妈妈摇摇头。

二哥喜上眉梢，眨眨眼睛，说道："爸爸来信了，我们正在等你呢，一起听听爸爸的来信……"诺贝尔虽然年纪还小，但凭直觉，他猜想母亲一定是收到了父亲报喜的信。

大哥开始读信："亲爱的妻子和儿子们，我很想念你们……有一位很懂技术的俄国将军伊盖尔夫，曾经考察了我的工作，答应为我争取一个机会：在专家组成的委员会面前做水雷和地雷的试验。这位将军还答应，只要财力许可，就可以建厂生产，由我俩合伙经营……儿子们，你们要听母亲的话，好好上学读书，用功学习文化课知识……小儿子要注意身体健康……"

诺贝尔听到父亲提到自己，就竖起耳朵来听，可惜，也就那么一两句！诺贝尔稍微有点失望，不过，他很快就去看书学习了，把失望的情绪抛到脑后。

过了一段时间，伊曼纽尔又从俄国都城圣彼得堡寄来一封信。这次，父亲的来信由二哥来读。大哥、妈妈、诺贝尔围绕在二哥的身旁，静静地等待着他那抑扬顿挫的声音。

现在的圣彼得堡

二哥清了清嗓子，开始读信："……我已经进行过一次地雷和水雷试验，许多高级军事专家都出席了。这次试验表演获得了巨大成功。一连串地雷同时爆炸，一时间，山摇地动，硝烟滚滚，火光冲天，摧毁了一片广袤的地区。当时若有一个纵队敌军来犯，这些地雷至少可以把50名入侵者送上天。我可以肯定地说，我发明的地雷可以保家卫国呢……"

大哥很惊讶地睁大眼睛，他很显然被父亲的成功给震撼了；妈妈激动得流下了眼泪；诺贝尔在等待着二哥继续往下读信。二哥也深吸了一口气，继续读信："……这次表演给委员会留下了极其深刻的印象，我因此获得一笔相当可观的奖金。我用这笔钱建造了一个翻砂车间和一座制造小型快速点火器的工厂。由于俄国军方伊盖尔夫将军是我的合伙人，所以来自陆军方面的武器订货单源源不断。亲爱的儿子们，告诉你们的母亲，就说你们的父亲要为咱们家购置一幢新房子，并亲手安装上我最新发明的暖气设备，还要置办新的家具……"

现在诺贝尔一家总算是时来运转了，他们正面临着美好的前景：财产、名誉和大展宏图的机会。这时，诺贝尔的大哥罗伯特受到了父亲巨大成功的鼓舞，一心要奔向父亲的身边。他想早点过去为弟弟们和妈妈选购一个好房子，另外，他觉得自己是长子，理应为父亲做点力所能及的事情，帮助父亲减轻负担。因此，他像当年父亲那样，只身登上了开往

海外的货船。

成长加油站

诺贝尔从童年时起,和父亲之间关系就不是很亲密,但这并不影响他们父子研究炸药的热情。诺贝尔虽然从小就很喜欢父亲在炸药方面的研究发明,但他并不盲目崇拜父亲,正是这一点促使他后来做出了超越父亲的科学成就。小朋友,如果你长大后也想做出一番成就,那就要保持你自己对于事物的看法和想法,即使是面对权威人物,也不要盲目崇拜他。

延伸思考

1. 诺贝尔一家接到父亲来信后,他们是怎样的表现?

2. 小朋友,诺贝尔为什么在父亲离开家以后感觉轻松?

第五章　妈妈变卖家产

北欧的冬天漫长又寒冷，令人难熬，因为半年左右的寒夜和风雪令人生畏。那里的天空宛如倒扣着的一口铅锅，阴沉沉地低垂着，压得人透不过气来。

新年来临了。有父母陪伴的孩子们会收到圣诞老人的双份礼物，一份来自妈妈，一份来自爸爸。由于诺贝尔的父亲不在家，诺贝尔和二哥只能收到一份来自妈妈的圣诞礼物，因此他们一家人又度过了一个清冷的圣诞节。

母亲是个虔诚的教徒，每逢周末或者假日，总要领着孩子们去教堂，跪在圣像前为身在异国他乡的丈夫祈祷。诺贝尔记得母亲的祈祷词中有这么一句话："……请保佑我丈夫身体健康、心想事成……"诺贝尔也会跟着祈祷："……请保佑爸爸身体健康、一切顺心……"

时间过得很快，转眼间冬天过去了。春天来了，枝头染上了一片新绿，向阳的草坡吐出嫩芽。一到春光明媚的季节，北欧人就像冬眠的动物一样，从沉睡中醒来，神清气爽地投身于阳光普照的大自然。

每逢这个时节,有的人会去外地旅游,有的人会去公园里放风筝。而诺贝尔家的孩子们,总是登上离家不远的一座小山丘,坐在软绵绵的草坡上,放眼眺望斯德哥尔摩港,眼望停泊在港湾内的船只,思念着独自在海外的父亲。五年前,他们就是在那里目送父亲远行的。

爱激动的二哥路德维格把内心的思念转化成高声呼喊:"爸爸,我们来看望你了!"这凄恻的声音激动得诺贝尔热泪盈眶,也情不自禁地高喊:"爸爸,我们想念你呀,快回来啊!"二哥路德维格拉着弟弟诺贝尔的手,说:"弟弟,我们一起呼喊,说:爸爸,快回来接我们啊……"诺贝尔点点头,同意二哥的提议。兄弟两人一同扯着嗓子喊:"爸爸,快回来接我们啊……"

在孩子们对父亲的热切盼望中,春天过去了,夏天过去了,秋天也快要过去了。一天,邮差给诺贝尔家带来了特大喜讯,一封来自俄国圣彼得堡的家书及同时寄来的汇票,成为诺贝尔家欢乐的中心。

信上笔力遒劲,情调高昂,字里行间流露出春风得意的气势。二哥已经来不及从头到尾地读信了,只是把信的重点内容大声读了出来:"……说来很对不住你们母子,让你们苦熬苦等了五年多。在这五年多的时间里,我一面忍受着思念你们的痛苦,一面拼命地奋斗。现在我要告诉你们一个好消息:我的努力没有白费,我已经购置了新房子……"

今日的斯德哥尔摩港口

二哥读到这里，抬头看了一眼妈妈和弟弟，只见妈妈又流泪了，弟弟诺贝尔昂着小脸儿聚精会神地听他念信。忽然，二哥停顿了，诺贝尔疑惑地眨眨眼睛，问："二哥哥，你怎么不念了？我想听到关于大哥的消息呢！"

妈妈也停止了抹眼泪，问："路德维格，信里面有没有提到你大哥？"二哥路德维格回答说："提到了，说大哥很好，不要牵挂他。请不要打断我读信啊，下面还有特大喜讯呢……"

诺贝尔和妈妈赶紧点点头，表示不再打断他。二哥继续读信："……作为将要赠给你们的礼物，我现在把新房子已经装修完毕，就等待你们来住啦……"

诺贝尔兴奋地蹦了起来，拉住妈妈的手说："妈妈，爸爸为我们装修好了房子呢……"妈妈搂抱住诺贝尔的肩膀，亲吻了一下他的额头，点头示意他保持安静。诺贝尔点点头竖起耳朵来听："请尽快动身到圣彼得堡来吧，盼望早点见到你们母子的面……"

第五章　妈妈变卖家产

二哥亲吻了一下信笺，拥抱了一下妈妈和弟弟。信来得太突然了，诺贝尔的母亲眼含着热泪，从路德维格的手里拿过信笺，一遍又一遍地看着那封差不多能背下来的信。她心情是很复杂的，这五年来她拉扯着几个未成年的孩子，如今总算熬出头了。丈夫在国外站住脚，家庭生活从此有了依靠，孩子们将来的教育经费也有了着落。

孩子的情绪是单纯的，诺贝尔和二哥高声叫嚷着，欣喜若狂，二哥说："妈妈，你为爸爸祈祷没有白费，他在国外发达了，太好啦！"

二哥路德维格接着问妈妈："妈妈，我们什么时候去俄国呀？我都想爸爸了。"诺贝尔最兴奋，不停地问他母亲："妈妈，咱们怎么去圣彼得堡，坐车还是乘船？"二哥路德维格也是迫不及待地问着母亲："圣彼得堡啥样啊？爸爸的工厂啥样啊？咱们快去看看吧！"

诺贝尔担忧地问母亲："妈妈，我们上学可咋办呀？我们都不会讲俄语呀！"妈妈还没来得及回答诺贝尔的问题，二哥路德维格抢先回答弟弟："那就让爸爸教我们啊！"

孩子们想到将要去外国见爸爸，都兴奋得手舞足蹈，一时间将对未来的渴望、疑虑和担心都抛向自己的母亲。而做母亲的同孩子们分享喜悦的时间并没持续多久，瞬间的兴奋和激动过后，她又不得不为变卖家产而操心。虽然她的家产并不富裕，但总还有些家用的东西需要处理，还要为打点行

装操心。罗伯特因急于要见父亲,在接到父亲的上一封来信之后,就提前走了。

成长加油站

诺贝尔家因为父亲的成功创业而要举家迁往圣彼得堡,面对这个特大喜讯,孩子们除了关心父亲的工厂是什么样子之外,最终又回到了关心自己上学的事情上。这说明,诺贝尔从小就有热爱学习的好习惯,无论是在国内,还是要出国,他都不会忘记学习这件事。小朋友,如果你长大后想拥有诺贝尔的成就,一定要记得随时学习,不管在哪儿,都要坚持学习。

延伸思考

1.小朋友,当你离开家乡要去外地上学了,你会和诺贝尔一样想要学习吗?

2.小朋友,当你到了一个陌生的环境去上学,你会和诺贝尔一样坚持学习吗?

第六章　迁居俄国

当时从瑞典到俄国还没有开通火车,诺贝尔一家只好坐船去圣彼得堡。当全家乘坐的帆船缓缓地驶出斯德哥尔摩港的时候,一股背井离乡的忧愁和对故土的依恋,在孩子们和母亲的心头油然而生。

诺贝尔年纪最小,但他对故乡的一草一木都怀着深切的眷恋。他与一道玩耍、给他童年乐趣的小动物分手,他心里很难受,因为它们都是他最好的朋友。

他站在船头上,眼望着被暮霭笼罩着的山丘,默默地向自己童年的不会说话的小伙伴们告别和祝福:"再见了,我可爱的小鸟、青蛙、田鼠、蝴蝶,请你们多保重!"

母亲最了解他的性格,看他站在船头上一直在眺望家的方向,母亲没有去打扰他,而是站在远处在心里宽慰她的小儿子:"傻孩子,别伤心,等你长大了,你还会回来的……"

或许母子有心灵感应,诺贝尔突然转过身来,呼唤了一声:"妈妈……"母亲看到他的眼睛里闪动着泪花,点点

头,张开双臂等待着儿子过来与她拥抱。儿子明白母亲的关心,跑过来投入到妈妈的怀抱里,眼泪一涌而出……

那年,诺贝尔才9岁。但是,离开家乡时的恋恋不舍是刻骨铭心的。当时,他还没有意识到这次离开故乡也意味着彻底地结束了在故乡的童年,因为等他重返故乡的时候,他已经是学业有成的青年了。

经过海上长途颠簸,一天早晨,诺贝尔一家乘坐的帆船缓缓地驶进了圣彼得堡港。诺贝尔睡得正香,却被二哥摇醒了,他还没有睁开眼睛,迷迷糊糊的,耳朵里就传来二哥的声音:"弟弟,快快醒来啊!要下船了呢!"

诺贝尔揉揉惺忪的眼睛,带着刚睡醒的鼻音问:"二哥,我们到了吗?你看到爸爸和大哥了吗?"二哥摇摇头说:"没看到呢!或许下了船,到了码头才能看到吧……"兄弟俩正说着话,妈妈却打断了他们:"孩子们,快看外面……"这时,岸边高大的古典建筑披着霞光,在波平如镜的海水中倒映着金灿灿的剪影,成群的海鸥尾随着帆船上下翻飞,时而高声鸣叫,时而轻轻点水,为饱受颠簸之苦的旅客们举行了欢迎仪式。诺贝尔一家沐浴在清晨的霞光里,每个人都喜气洋洋的,他们与别的旅客不同之处在于,他们的脸上没有疲惫和忧愁,而是充满了期待已久的幸福之光。

诺贝尔跟随着路德维格急不可待地提着行李跑出了船舱,站在甲板上,目不转睛地注视着码头。他心想父亲变成什么样子了呢？胡子是不是很长呢？诺贝尔一边想象着父亲的外貌变化，一边紧张地看着人头攒动的人群。

诺贝尔最先在岸上的人群中发现了自己的父亲，高声喊道："看呀，爸爸在那儿！"这时，一位身材魁梧、气宇轩昂的男人正向他们频频招手。诺贝尔也向爸爸挥挥手，眼睛却盯住爸爸的下巴看：爸爸的胡子刮掉了呢！他再也不用担心爸爸亲吻自己脸蛋的时候，被扎痛的感觉。

帆船刚靠岸，孩子们便抢先跑下舷梯，扑向爸爸的怀里。爸爸的怀抱温暖又宽广，孩子们幸福地享受着爸爸的气息。这激动人心的时刻，让他们等得太久了。

二哥说："爸爸，我们好想你啊……"诺贝尔也说："爸爸，妈妈在圣诞节为你祈祷……"伊曼纽尔点点头："孩子们，你们的妈妈最辛苦！我们过去每人拥抱一下她，好不好？"两个孩子淘气地推着爸爸走向妈妈的身边，让他们先拥抱……

伊曼纽尔用一只手将两个儿子揽在怀里，用另一只手轻轻地抚摸着妻子的头。当他发现她头上已经有几根白发时，鼻子一酸，眼睛也湿润了。他感到内疚，怪自己无能，让妻子和儿子们等得太久了！他哽咽着说："让你受苦了！卡罗琳！"妻子卡罗琳眼含热泪，看着多年不见的丈夫如今就站在眼前，过去一个人抚育孩子们的辛苦也早已丢在了脑后。

他把妻儿请到一辆漂亮的马车里。这自然也是他精心安

排的。他决心让他们风光一下,以弥补他长期顾不了家(也许是无力顾家)的过失。

在马车里,孩子们心花怒放,圣彼得堡的一切都使他们感到兴奋和新奇。二哥说:"诺贝尔,你看呀,这广场多么宽阔,寺院金碧辉煌啊!"诺贝尔点点头,顺着二哥的眼神看过去,然后问道:"是啊,二哥哥,我看到了!你看那儿——寺院附近骑着高头骏马的铜像是谁啊?"

二哥摇摇头,伊曼纽尔听到孩子们的对话,笑笑地看着妻子,妻子说:"孩子们,问你爸爸啊!"伊曼纽尔启发孩子们说:"谁的铜像可以显示一座皇城的威严和壮观?"孩子们快乐地回答:"皇帝的铜像……"

孩子们的一双眼睛好像不够用了,一会儿看看这儿,一会儿瞧瞧那儿,惊叫声;欢呼声,伴随着清脆的马蹄声,一路上高高兴兴向新家奔去。

马车在一个环境优美的住宅区停住了。

"是这儿吗?这么快就到了!"孩子们好像没坐够车似的,问道。

"是这儿,从今天起,咱们终于有自己的房子了。"

新家比他们在斯德哥尔摩的旧家要好得多,既宽敞,又漂亮,孩子们又发出一阵欢呼和惊叫。他们放下行李,在院子里和屋子里跑来跑去,一会儿从东屋跑到西屋,一会儿又从屋子里跑到院子里,到处乱窜。对于在窄小、破旧的石头房里生活惯了的孩子们，一切都是那么的新鲜和陌生。接着孩子们又对室内的摆设感兴趣，一会儿躺在舒适的大床上打滚，一会儿又坐在一张崭新的桌子前，说他就要那张桌子温习功课。

圣彼得堡涅瓦河畔

父亲得意扬扬地说："孩子们别争了。你们每人都有一张大床和一张新书桌。"二哥问爸爸："书架呢？"爸爸开心地回答他："在路上呢！"父亲回答完二儿子的问题，还等着小儿子提问题呢，可是，一转眼，小儿子诺贝尔不见了。

原来，他正在庭院中欣赏那里的自然风光呢。院中间有一个S形状的喷水池，喷射出缕缕细流，在空中弯成一条弧线又落到池中。那不断喷出的细流将霞光分成七色，宛如一根根彩色艳丽的丝线垂挂在空中。池塘里有鱼儿游来游去，它们顽皮地拱着水草玩着捉迷藏的游戏。喷水池四周镶嵌着花畦，在秋日的晨光下，还有几朵小花正在绽放。

在诺贝尔聚精会神地观赏庭院的时候，父亲悄悄地走过来，亲切地抚摸着他的头，问道："喜欢吗？""喜欢。""要是到了春天或夏天啊，这里就更美了。""爸爸，有多美呢？"父亲回答："非常美啊，比如有比现在更

多的鲜花……""爸爸,有小动物吗?"诺贝尔又想起了故乡的山丘和那里的动物朋友们。"有啊,有蝴蝶,有蜜蜂,有昆虫……""爸爸,有青蛙和小鸟吗?"

"这个,如果你想见到它们的话,当然也是可能的。"伊曼纽尔早就从妻子的信中获悉,他的小儿子诺贝尔酷爱自然,喜欢观察和欣赏山川景色和花鸟虫鱼。今日一见,果然是这样啊!

难道小儿子是想念家乡的青蛙和小鸟儿了?他想起自己当年,刚来到这儿的时候,也和小儿子一样想念家乡的一切,感觉家乡的一草一木都是亲切的。他想到这儿,就蹲下身子,看着小儿子的眼睛问:"儿子,你是不是想起了故乡的小动物?"

诺贝尔的脸上终于露出了一点儿笑容,看着爸爸的眼睛点点头。诺贝尔很惊讶,爸爸怎么知道自己的心事呢!伊曼纽尔并没有去理会小儿子的惊讶神情,而是暗自高兴,因为这不仅与他童年的兴趣相投,而且在他成年后认识到,大凡喜欢同大自然亲近的人,不仅有热爱生活的激情,同时还蕴藏着探索自然规律和艺术真髓的潜能。

"好样的孩子,你长大后必成大器!"父亲像艺术家评估自己的作品似的,以审视的目光重新打量分别五年的小儿子。

当初伊曼纽尔离开家时,他才4岁,由于体弱多病,以至于每当他在紧张的工作之后,闲暇的时候思念家乡的亲人

时，他常闪过"那个多病可怜的孩子是不是还在人世"的可怕念头。

但是，这个小生命很顽强，在母亲悉心的照料下，他活过来了，现在就在他的眼前，而且他凭直觉（他相信直觉）预测出他将成大器。

伊曼纽尔下意识地觉察到儿子将来不仅会超过他，而且由于深知他的弱点会无情地否定他。

成长加油站

五年后，诺贝尔和父亲团聚了，可是他依然想念家乡的小动物们。父亲为儿子的爱好暗自高兴，因为这不仅与他童年的兴趣相投，而且在他成年后认识到，大凡喜欢同大自然亲近的人，不仅有热爱生活的激情，同时还蕴藏着探索自然规律和艺术真髓的潜能。父亲凭借直觉相信诺贝尔长大后必成大器，事实也是这样——诺贝尔后来成为深受世人崇拜、名垂史册的伟人。

延伸思考

1. 小朋友，你知道诺贝尔站在船头在与谁告别吗？

2. 小朋友，当你到了一个新环境里你最关心的是什么？

第七章　出国考察

在诺贝尔17岁的时候，有一天，父亲把他叫到身边，严肃地望着他，却半晌没说话。平时爽朗坦率、爱大声讲话的父亲，忽然变得沉默不语，使儿子感觉有点紧张。

不过，诺贝尔还是沉静地稳坐着，安安静静地等待着父亲先开口，他想：父亲一定有要紧事情同他谈，以父亲的性格，肯定是有好事情要告诉自己。当他想到好事情，就急切地等待着父亲开口讲话。

父亲拍拍他的肩膀，这是他同儿子谈话时的习惯动作，说道："孩子，你终于活过来，并且长大成人了……"诺贝尔注意听着，这样的开场白使他感到呼吸困难，因为太紧张了。但他立刻在心里想象着父亲接下来要说的话，难道是让自己……

年轻时的诺贝尔

第七章　出国考察

没等他想象到下文内容，只听父亲"嗯"了一声，接着说道："你出生的时候身体柔弱，你从幼年时起就一直躺在病床上。说真的，我曾担心过你能否长大成人。不过，现在看来，这种担心是多余的了。你长高了，也长结实了，身体似乎没什么让人担心的了。在学业方面嘛，你也打下了坚实的基础，尤其让人高兴的是，你已经掌握了几个国家的语言，所以我打算——"父亲轻轻地咳嗽了一声。

诺贝尔眼睛睁得大大的，等待着从父亲口中吐出被咳嗽声打断的关键性词语。可是，他毕竟还是个孩子，就迫不及待地问父亲："爸爸，您打算？"

"我打算让你去周游世界，出国考察。"父亲接着说："当然喽，这是同你商量。其实，我也有些犹豫。不过，我已经考虑了很久……最后由你自己决定……"

"真的？"诺贝尔高兴得像个小孩子似的。这种活泼天真的表情，只有在与他相依为命的慈母面前才会出现。平时，他在父亲面前总像个"小大人"似的，显得有些严肃和拘谨。他不仅怕父亲，而且也似乎感觉到在他们父子之间有一条不可逾越的鸿沟，这条鸿沟到底是什么，他也说不清楚，或许是性格上的不合吧。不过，今天的谈话，他却觉得父亲既严肃又亲切，霸道父亲变成慈父了。父亲总归是父亲，不管父子性格上合不合得来，做父亲的总希望儿子能够出人头地。

诺贝尔在心里感谢着父亲：谢谢你，爸爸，我一定努力，将来用我的成就来报答您的器重。当他感动地看着父亲的脸，只见父亲点头回答他说："儿子，是真的！你自己决定！"

"爸爸，我愿意去。学以致用，我早就想出去检验一下我的专业功底和外语能力。"父亲看到儿子自信满满的脸洋溢着少年人的朝气，他再次肯定了自己的直觉：这个儿子将来一定能成大器。

"你此行的任务是，去学习各国的新科学和技术。在专业方面我不担心，你的基础是很扎实的。我担心的仍然是你的身体，到国外去考察非常艰苦，不仅需要专业知识和外语，而且还需要有健康的身体。"可怜天下父母心，虽然伊曼纽尔希望儿子们都有出息，更希望小儿子学有所成，可是小儿子的身体健康问题还是令他担忧。

"爸爸，儿子的身体方面没啥问题，我会注意的。您放心吧。"诺贝尔接着问父亲，"我先到哪个国家去呢？"

父亲为了不让儿子吃太多的苦头，还是做了最妥当的安排，他告诉儿子："先到美国去吧，我的好朋友约翰·艾里克森在那里，他会在各方面热情地帮助你的。"

诺贝尔说："爸爸，我知道美国有个人叫约翰·艾里克森。他是蒸汽机的制造专家，在美国南北战争中，他建造的'莫尼塔号'新型机动船，为北军战胜南军在装备上做出了重大的贡献。您的好朋友是他吗？"伊曼纽尔点点头。

伊曼纽尔让自己的儿子去周游世界，接触当代一流技术专家。一方面表明了他对自己的儿子能因材施教，并且具备定向培养的远见卓识；另一方面也表明了他有赶超世界先进技术水平的雄心。

伊曼纽尔在教导子女方面的成功，是基于对他们的潜在才能的透彻把握。他早就看出了儿子们各有所长，不能按一个固定模式来培养。可以这么说，伊曼纽尔不仅仅是个发明家，也是个教育家，更是一位合格而伟大的父亲。诺贝尔的成功离不开父亲的因材施教。

小儿子诺贝尔对科学和文学都具有浓厚的兴趣，父亲想通过周游世界的方式，让他接触世界先进的科学技术和专家，把他引向通往科学大门之路；二儿子路德维格善交际，有经商方面的天赋，父亲想让他跑外，招揽生意，搞商品营销；大儿子罗伯特动手能力强，在机械技术方面显示了卓越的才能，父亲打算把他留在工厂内。

诺贝尔历时两年之久的周游世界，首先是从德国开始的（并没直接去美国），而后，去丹麦，接着又乘船到了意大利。

科学巨人诺贝尔

成长加油站

诺贝尔的父亲让他去海外考察，接触当代一流技术专家，这说明他对自己的儿子能因材施教，也具有定向培养的远见卓识。诺贝尔后来之所以能够学有所成，除了父亲教导以外，还与他能够发掘自身的潜力分不开。小朋友，如果你长大后也想成为出色的人才，一定要挖掘你的潜在才能。看看你对哪方面具有浓厚的兴趣，你对某个领域的兴趣或许就是你的潜在才能。

延伸思考

1.在诺贝尔17岁的时候，父亲对他有什么建议？父亲为什么会有这样的建议？

2.小朋友，请你想一想，你的兴趣在哪里？你的潜在才能是什么？

第八章　初恋和恩师

由于父亲给了他充足的旅游经费，一路上不用担心钱不够花这件事，因此，他的游学生活非常顺利。后来，他终于到了向往已久的法国首都巴黎。

那时的巴黎是世界文明的一个橱窗，各种美术馆、音乐厅、剧场和艺术展览馆琳琅满目，因而吸引了众多的世界著名文学家和艺术家，所以巴黎被称为"艺术之都"。可惜酷爱文学、艺术的诺贝尔因为肩上有父亲的重托，他没有时间去参观各种艺术馆和游乐场。那么，他在浪漫的巴黎忙些什么呢？

他从小热爱学习，对于科学和文学感兴趣，又是一个超级学霸，他不忍心将时间浪费在其他方面。他整天去参观各种实验室，参加学术报告会，忙着同科学家、教授和大学生座谈，还要去访问大学研究所，他抓紧一切时间和机会，如饥似渴地学习着，想要在最短的时

今日的法国巴黎

间内了解发达国家的先进科学技术。他不想令父亲失望,也不想辜负父亲对于自己的器重。他把对父亲的感恩化作学习动力,争分夺秒地学习、学习、再学习。尽管他很用功,但是,有时候他也很烦恼。

人在紧张学习和工作中可以忘掉一切。但是,当一天的工作和学习结束后,感情便同理智争夺空闲时间了。

当他拖着疲惫的双腿回到旅馆的客房,孤零零地独自进餐,他就忍不住想家了。他望着远处在暮霭中盘旋的乌鸦,他想象着此刻家中的场景:妈妈正在厨房里做晚饭,小弟弟在妈妈的身后忙着捣乱,或许他一会儿把米撒满地,或许他一会儿又把水弄湿了自己的衣服;爸爸在干什么呢?也许正在工厂里忙碌,也许正与投机商谈判呢;两个哥哥在干什么呢?大哥或许在工厂里加班,二哥或许在与同事聚餐,或许在和女友约会……

在孤独寂寞的时刻,文学是他最好的伙伴。每到晚上,他喜欢躺在床上阅读小说和诗歌。他特别喜爱英国诗人雪莱的诗,他不仅爱诗,而且还以雪莱的风格写诗,梦想有朝一日也能成为雪莱那样的大诗人。因此,在他闲暇时刻里,笔耕不辍,也积攒了大量诗歌。或许是写诗歌激发了他沉睡的爱情,他热情洋溢、感情充沛,他诗人般的面容和气质吸引了一位美丽的少女,然而那令他幸福的初恋,以那女孩突然夭折而结束。当诺贝尔心灵受到沉重的创伤,痛苦得难以自拔的时候,他接到了母亲的一封来信。

信中说,爸爸和哥哥们都在工厂里劳动,妈妈和小弟弟总是把他作为谈论的话题，全家都期望他带着丰硕的成果从海外归来……他把信又重读一遍，因为信的开头是一个慈母对远方游子的关心、祝愿和思念，字里行间充满了母亲的慈爱。

诺贝尔刚刚失恋，不是因为分手，而是初恋突然离世，这种打击对于身在异国他乡的他来说是沉重的，痛不欲生的，母亲的来信等于母爱的陪伴，他想家了……当他体会到母亲对游子的期望和厚爱，他彻底清醒了：他肩负重任，不能在儿女恋情中沉沦。

虽然在孤独寂寞的时刻，他的内心深处有一种情愫在流动，他渴望同异性交往，他向往着爱情。但肩上的重任唤醒了他痛苦迷茫的心，他连忙打点行装，含悲忍痛地离开了巴黎。他先到英国参观了世界博览会，然后动身去美国。诺贝尔乘坐的客轮横渡大西洋，驶进了纽约港。

看着陌生城市的一切，令他更想家了，他在心里逼迫自己尽快进入新学习阶段，早日学成归国回家……

正在诺贝尔对异域的景观失去兴致的时候，一位穿着整齐的学者笑容可掬地走到他的面前，并热情地向他伸过手来："先生，你就是我有幸接待的贵客，伊曼纽尔的小儿子诺贝尔吧？""是我，您是——"其实，他已经知道来接他的人是谁了。

"艾里克森。"他紧紧地握着小客人的手，说道，"你父亲的同学和好友约翰·艾里克森。"

"艾里克森先生，您好，感谢您专程来接我！"

艾里克森对这位沉静而有礼貌的孩子顿时产生了好感，一面叫过助理接下客人的行李，一面热情地说："不用客气！你父亲非常器重你啊，既然来了，那就安心学习，我会为你安排

好一切。你的情况，你父亲在信中都提到了。好哇，这么小的年纪，就敢闯荡天下，年轻人啊有魄力我喜欢。你暂时留在我的实验室里吧，要是想研究汽船嘛，我会竭诚相助的。"诺贝尔恭敬地点头，说："谢谢您，我会用功学习。"艾里克森说："嗯！年轻人，不用客气！听说你父亲在圣彼得堡闯出了一番事业，我真高兴啊。"诺贝尔说："谢谢您……"诺贝尔十分喜欢和敬重这位友好坦诚、和蔼可亲的前辈。

每天到他的实验室去，更是一件令他激动和兴奋的事。艾里克森的实验室仿佛是科学珍品的储藏室，各式各样的精密仪器令他着迷，五光十色的实验品令他开心，使他目不暇接、眼花缭乱。每天他都会学到许多新知识，当他恋恋不舍地离开实验室时，盼望着明天快点到来，想到明天又会学到一些宝贵的新知识时，心头又是一阵激动和喜悦。

这段时期是他学习新知识的鼎盛阶段，他废寝忘食，达到了一种忘我的境界，这段期间的学习，奠定了他后来做出伟大成就的基础。

在艾里克森实验室学习的这个时期，不仅使诺贝尔的头脑充实了许多新知识，而且对他选择人生道路也起到了决定性的作用。这个时期的学习增强了他的自信心，他认为自己离科学的大门并不遥远。

因为在美国，他的生活情调与在巴黎完全不同，他彻底告别了失去恋人的哀痛和单身独处的孤寂，他每天都很充实，很忙碌。白天他去实验室，在他的头脑里和笔记本中，记录着、积累着新的实验知识和新的研究成果。夜晚他躺在

第八章　初恋和恩师

今日的美国纽约

床上，像过电影似的回顾当天在实验室里的学习经历，想着想着他好像又飘然地进入了实验室。在紧张学习的日子中，他白天的经历常常潜入梦境里。

他如痴如醉地一头扎进实验室里，感觉自己每天都在进步，每天都有新的想法和研究思路。因此，他下定了决心：想当科学家，用自己的发明为人类造福。当他下定这样的决心之后，便想尽快返回圣彼得堡，立即投入到科学实践中去。

他握住前辈的手，说："谢谢您，我学到了很多……我回国后做实验途中遇到了难题可以给您写信求教吗？"他知道自己问的是多余的话，前辈肯定会答应自己的请求，可是，他还是想要和前辈多说几句话，因为他把前辈不仅仅当作科学大道上一起奋斗的战友，他还把前辈当作自己终身的恩师！前辈点点头，他和好友伊曼纽尔一样，他也认为：眼前的这个孩子将来必成大器。他说："可以啊，孩子！你可以随时来信……"

分别的日子来临了。艾里克森怀着慈爱和惜别的心情，说了一句既是评价又是期望的话："诺贝尔，你埋头苦干的精神不会辜负你的聪明好学，相信我的话，你必成大器。你父亲素有'具有钢铁般意志的诺贝尔'之称，你不愧为他的

科学巨人诺贝尔

儿子。以你的超凡天资，只要勤奋努力，一定会成为优秀的科学家。努力吧，孩子，我盼望着你做出成就。"

诺贝尔感动地拥抱了一下恩师，转身离去。

成长加油站

我们每个人都会有机会遇到爱情和恩师，爱情美好但不要沉迷，恩师是你学业有成的道路上的扶手。你幸运地遇到了就要紧紧抓住，努力学习和模仿，学习恩师的知识，模仿恩师的工作态度，领悟恩师的精神境界。诺贝尔失恋了但没有失去完成重任的决心，当他完成了父亲的重任以后，他下定了决心：想当科学家，用自己的发明为人类造福。有很多事例表明：成才道路上遇到恩师很重要。小朋友，如果你有幸遇到了恩师，你要好好跟着学习啊！

延伸思考

1. 诺贝尔到了美国和在巴黎有什么区别？

2. 诺贝尔的决心是什么？小朋友，请你仔细想一想，你的决心是什么？

第九章 诺贝尔的心病

诺贝尔返回圣彼得堡的第一天就要去工厂,母亲担心他劳累过度,劝说他第二天再去。第二天,他和父亲、哥哥们一起渡过一条大河,去参观在河对岸的工厂。

厂子门口挂着一块牌子,上面写着"诺贝尔父子工厂"几个大字。他疑惑地看着那个牌子出神,问大哥:"工厂属于我们的?"

大哥向他解释说:"原来与我们家合伙经营这座工厂的俄国将军撤出了,现在这个工厂完全属于我们一家所有了。"诺贝尔问哥哥:"俄国将军为什么要撤资呢?"二哥回答说:"一方面是俄国军资紧张,另一方面是俄国政府也希望我们家工厂可以自产自销。"

大哥接着做了更加详细的解释,他对诺贝尔说:"亲爱的弟弟,在你离家的这两年时间里,工厂发生了惊人的变化,这些变化是这样的:这第一个方面呢,你也看到了啊,厂房比以前大三四倍,工厂的机器设备也更新了;这第二个方面的变化肯定会令你高兴,就是工厂的经营方式和资金来源和以前不一样了,从前是从俄国皇帝那里索取资金,进行生产、研究和实验,一切受官方摆布,对官方负责,如今是咱们家独资经营,一切业务都是咱们家说了算……"大哥热情地对弟弟说着工厂里的变化,诺贝尔说:"大哥,这么说,工厂完全独立了!也就是说我们的工厂可以自负盈亏……"大哥点点头,回答弟弟:"对,是这个意思。"

在参观过程中,诺贝尔发现有的工人在加工地雷的弹壳,微微地皱了一下眉头。大哥看到了弟弟表情的微妙变化,想着要说点什么来安慰弟弟。这时,父亲开口讲话了,他说:"尼古拉一世为了扩充俄国的疆域,向我们大量订货,让我们提供地雷和水雷。我们也是……"父亲想说的是"我们也是奉命行事啊"!

诺贝尔严肃地问父亲:"这么说,咱们是为了战争制造武器?"他心头掠过一道暗影:假如诺贝尔家族工厂一直生产武器,战争何时休?父亲知道这个儿子从小就与自己在性格上格格不入,但他不想让儿子感觉别扭,他回答儿子说:"不是这样的,我们工厂不全是生产武器,咱们还生产暖气装置、机械零件、铁管和其他物品……"

从那以后,诺贝尔便开始在这座工厂上班了,他负责研制新产品和检查化学药品。当时诺贝尔父子工厂制造地雷和水雷使用的是黑色火药。这种黑色火药不易引爆、爆炸力小、烟多,火药装得不当便会产生"哑弹"。

第九章　诺贝尔的心病

父亲常常对他说:"得想法改进啊,用这样的黑色火药,炸不沉敌人的大型军舰。"诺贝尔每当听到有关敌人、战争和武器之类的词语时,心头就感到一阵不快。他常想,人类应该和睦相处才是,为什么要发动战争呢?

有一天,这种心头不快的感觉非常强烈,他实在憋不住了,就开口问父亲:"爸爸,我早就想问您:为什么我们要制造用于战争的武器呢?"趁父亲沉思的机会,他把自己的想法都说了出来,"爸爸,您知道么吗?在我回来的时候,我就下了决心,选择科学研究的道路,希望将来以自己的研究成果为人类造福,为人类文明的发展做贡献。而不是……"他接下来想说的是"而不是研究人类相互残杀的武器!"

父亲不愿意听到儿子接下来的话语,以他对儿子的了解,他很害怕听到儿子说"工厂就知道研究武器"之类的说辞。他温和地说:"儿子,你的决心很好,全人类都会感谢你的,只是……"父亲说到这里停顿了一下,又话锋一转。

他以慷慨激昂的语调畅谈了武器与和平、武器与保家卫国之间的关系的长篇大论。他看着诺贝尔沉默不语,心情不快,为了让他不要陷入不快的情绪里,他接着说:"……你的想法很美好,有助于人类团结友好,你的心情我能理解。假如没有武器也能过安生的日子,对人类来说,那是再好不过的了。但是,现实却不是这样的,你没有武器,人家有武器,他便会来侵犯你。如果你自己有比人家更强的武器的

43

话，那么对方出于对这种武器的畏惧，就不敢贸然来侵犯你了。如果这种说法成立的话，武器的作用不在于发动战争，而在于阻止战争……从这方面来说，我和你的想法是一样的，都是为了世界和平而努力……"

父亲说的道理是没错，听起来也无法反驳。但是，父亲的这番理论并没有驱除掉诺贝尔心头的不快，也没有使他的眉头舒展开来——他紧皱着眉头沉默不语。父亲最后总结道："总而言之，我们生产的武器不是为了出去打仗，而是用于在争端发生时来保卫人民和国家，来捍卫神圣的和平事业。"

父亲的总结听起来无懈可击，却无法消除战争和武器投在诺贝尔心头上的阴影。当然，父亲的话还是有道理的。不过，充其量那只不过是为了逃避良心的谴责，寻求心理平衡的一种借口罢了，因为那不是父亲生产武器的真正动机。他认为，父亲生产武器的直接动机是商业性的，或者说，是出于一个企业家的经营目的，即生产这种产品有销路，能赚钱，而不计甚至完全忘却它的社会后果。作为父亲的儿子，是不是也有责任为了社会后果而要努力扭转局面呢？诺贝尔心头的阴影，从此更重了。

在他看来，对父亲生产武器这件事，之所以感到那么心安理得和理直气壮，其原因就在于此。诺贝尔却不是这样，尽管他后来也步了父亲的后尘，使自己的发明创造难以同武器的生产摆脱关系，但那一直是他难去的心病。他曾为"军

第九章　诺贝尔的心病

火商"的头衔而苦恼,为摆脱它,他在自己的遗嘱中写下了惊人的条款。这是后话。

如果说父子两个是性格上的格格不入,那并不影响诺贝尔"心头上的阴影",而是这次父亲的谈话令他心头的阴影更加沉重。他的社会理想是人类的文明,而父亲的工厂却在制造破坏人类文明的武器。这让他苦恼了很久……

他一直都讨厌的战争却在1854年春天爆发了,原因是俄国与土耳其的领土争端,这就是历史上有名的克里米亚战争。

在这场战争中,欧洲的强国,即法国和英国联合起来,站在土耳其一边。因此,俄国不得不与兵力胜过自己两三倍的强敌交战。由于战争的需要,诺贝尔父子工厂的水雷订货量急剧增加,诺贝尔父子和工人便从早到晚为战争赶制水雷。在这个时期,诺贝尔的内心充满了痛苦和矛盾,他讨厌的战争、武器、敌人这几个词语每天都有人在说,没有人能够体会到他灵魂上的不安宁。他讨厌父亲制造军火,而他却在为赶制水雷而忙碌着,这种情绪无处诉说,这种讨厌战争的情怀也

诺贝尔炸药工厂内的实验室

没有人可以分享……他只能盼望着战争早日结束，和平早日来到！

面临着强敌压境，俄国军方认为，打赢这场战争的可能性很小。只能据守军港，以防敌军从海上入侵，并且军方还断定，敌军首先要从海上攻占喀琅施塔得港，然后再进攻圣彼得堡。于是在喀琅施塔得港的入口处，布置了许多诺贝尔父子工厂制造的水雷。他一想到水雷将会炸死敌人就心头不快，他始终认为人类应该和平共处，不应该自相残杀……假如将来世界和平，人类和平共处，不再有战争，不再有武器和敌人，那么，诺贝尔也不再有心头的阴影！

俄国军方的推测应验了，敌军的舰队果然向喀琅施塔得港驶来。突然，发现在前进方向的海面上漂浮着许多巨大的铁球，在阳光照射下闪闪发光。

舰队指挥员命令船只停止前进，并发出指令说："前方有巨大的铁球，密切注意海面敌情，把最近的铁球打捞起来，然后向我报告！"

水兵接到命令后，去打捞铁球，以便弄清那是什么武器。水兵提心吊胆地捞上来一个，说："这个是敌人的新式武器么，打开会……"没等他说完，他刚要拆开看时，轰然一声巨响，炸得周围将士血肉横飞。敌军见状万分惊恐，便调转船头逃之夭夭了。

第九章　诺贝尔的心病

成长加油站

　　每个人心中都存在着美好的愿望：都希望可以为造福人类而做出贡献。当然，诺贝尔也不例外。他从海外学成归来是为了造福人类而从事科学研究，他的决心是为了人类的幸福文明而发明创造。当他在父亲的工厂里发现了武器之后，内心很痛苦，因而心里有了阴影。尽管他后来也步了父亲的后尘，使自己的发明创造难以同武器的生产摆脱关系，但那一直是他难去的心病。小朋友，我们也要为了造福人类而努力，就像诺贝尔一样，始终把世界文明放在心上。

延伸思考

1.你认为诺贝尔父亲对于武器的说法对吗？请说说你的理由。

2.请你说说诺贝尔的心病是什么？

第十章 研制新式蒸汽机

不久,俄国军方又给诺贝尔父子工厂下达了一个新课题,让他们研制一种新式的蒸汽机,以便改造俄国海军的旧式帆船。伊曼纽尔虽然根本不懂如何制造蒸汽机,但却大胆地接受了这项任务。

从此,全厂上下废寝忘食,日夜奋战。工厂的工人日夜赶制图纸上的蒸汽机,工厂的图纸师积极配合诺贝尔的构思和设想。诺贝尔更是卖力,他把从艾里克森先生那里学到的知识全都应用到蒸汽机的研制中去了。

在不到一年的时间里,他们造出了8台性能良好的蒸汽机,使俄国军方感到很满意。攻关项目完成了,诺贝尔却因劳累过度病倒了。

大哥劝他说:"三弟,你可不能再这样拼下去了,到空气新鲜、环境优美的地方去休养一下吧!"二哥也说:"三弟,你从小身子骨弱,不能带病工作啦!"

妈妈也劝他说:"听你两个哥哥的话,健康的身体更重要!等你身体好了,再回来和哥哥们一起工作吧……"母亲

不想说得太多，担心他有压力。诺贝尔点点头，表示请母亲把话说完。母亲接着说道："到你祖母家去住些日子吧，等在瑞典养好病后再回来。工厂里有你两个哥哥和爸爸呢！"大哥也点头说："是啊，工厂里有我们顶着呢，放心吧！"母亲和哥哥们的话使他动心了。其实，他早就在思念着故国的风光了。

诺贝尔从喧闹的圣彼得堡回到瑞典的故乡，顿觉心旷神怡，十分欢畅。白天，他到野外和林中去散步，尽情地观赏阔别已久的蜂蝶昆虫和绿草繁花，仿佛又回到童年时期；夜晚，他同老祖母及堂兄弟们愉快地聊天，交流彼此关心的信息，谈异域的风土人情，谈海外游子的生活，谈家乡的变化，谈故里的趣闻……

最令他开心的事，是他心头的阴影有了可以安放的去处。他把自己内心的忧虑和阴影统统说给祖母听，祖母静静地倾听着，没有问他"为什么会这样想"，而是问了他一个另外的问题："你想要怎样弥补你发现的社会后果……也就是说，你想如何做，你才能安心呢？"他听到这句

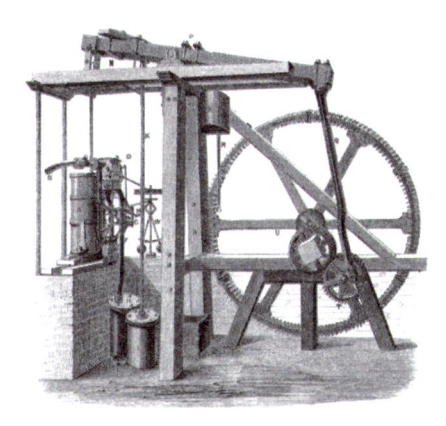

早期的蒸汽机

话，内心豁然开朗，他开心地拥抱了一下祖母，回答祖母："弥补，有的是机会呢！只要有机会，我会尽我所能来弥补……"其实，当时他并不知道，自己可以在日后的遗嘱中进行弥补。但是，祖母的话至少使他的内心阴影有了出路。

故乡田园诗般的生活使诺贝尔烦劳顿逝，身体渐渐地康复了，他又想动身回圣彼得堡去。祖母建议他说："你幼年时候，身体虚弱，你再到德国温泉去疗养一段时间，或许更好！"他说："德国也是个好地方啊！谢谢奶奶……"祖母慈爱地笑笑，说："……利用这难得的外出机会，顺便把德语学会，不也是一种意外收获吗？"

在德国疗养了一段时间后，他于1854年10月21日又回到圣彼得堡。这时，战争还在继续着，战局对俄国很不利。有一天，在敌军猛烈炮火的轰击下，港口设施和防御工事被夷成一片废墟，敌军潮水般地涌上岸来……

历时两年之久的战争以俄国的失败而告终。沙皇俄国称霸欧洲的时代彻底结束外，似乎没给帝俄带来多大的损失。直接遭受这场战局所带来的损失的是诺贝尔一家。

一天，伊曼纽尔无精打采地回到家里，脸色很难看，精神颓废。他给家里人带来一个与他们命运休戚相关的坏消息，他说："沙皇亚历山大二世从战争的失败中看到，俄国军事装备不如人家，他决定从国外购置武器装备，并下令取消同国内企业签订的全部合同。"诺贝尔沉静地说："那么

说,俄国在这场战争中看到了武器的落后……他们还想要更好的武器……"大哥罗伯特说:"可惜不要我们工厂……"二哥说:"我们家军火工厂的命运将会……"二哥说不下去了。父亲伊曼纽尔声音沙哑,有气无力地说:"儿子们啊,我们的工厂……"恒时,每个人脸上都现出了局促不安、恐怖、痛苦的表情。想当初为了应付战争的急需,按订单如期如数地交付军事订货,他们曾向银行借了大量贷款,用以扩充生产设备,如今按合同已经生产出大量待交货的成品,现在合同一取消,一切全报废,这损失太惨重了。想到这里伊曼纽尔痛苦地说:"这一次,我们的工厂难道要破产了吗?"三个儿子异口同声地安慰父亲:"爸爸,不会的,我们会努力的。"万般无奈,伊曼纽尔只好向沙皇呈递申请书,要求补偿损失。但申请书根本就没有呈交到沙皇手中,补偿也就不了了之了。

这样一来,诺贝尔父子的工厂没有活干,无法偿还债务,完全陷入困境。伊曼纽尔并不甘心,又无计可施,他思考再三,决定孤注一掷。他把诺贝尔叫到跟前。"孩子,咱家的困境你都看到了。你有什么想法没有?"父亲说话时脸色铁青,语调阴沉。诺贝尔不想说自己的想法,担心说不到父亲的心上,父亲会更加灰心丧气。因此,他答非所问:"爸爸,您有何打算?""我二十多年来历尽了千辛万苦创下的基业,如今毁于一旦,我实在是不甘心啊!""爸爸,

为了重振您的事业，您要我做什么？""我想再碰一下运气，从国外银行贷一笔巨款。"父亲说话时眼睛闪闪发光，又燃起了一股新的希望，"在你们兄弟之中，你的外语最好，又有国际交往的经验，所以我想让你到外国去一趟，看看能否找到肯借钱给我们的银行。"诺贝尔点点头说："爸爸，我尽快动身吧！"伊曼纽尔把振兴自家企业的希望，全寄托在诺贝尔的国外之行上。诺贝尔先后到了伦敦和巴黎。可是无论到哪里，都没有人肯把钱借给国外一家濒临破产的企业。诺贝尔虽然竭尽了全力，怎奈他无法扭转局面，只好拖着病弱的身体，空手返回了圣彼得堡。他抱歉地对爸爸说："爸爸，对不起，儿子此行没能……"诺贝尔看到父亲灰白的头发，鼻头一酸，差点掉下眼泪来。父亲看到诺贝尔虚弱的身体，就知道儿子跑了不少家银行！他心疼地点点头，说："儿子，爸爸能扛得住，你放心吧，爸爸没事，你要保重身体……"

伊曼纽尔的一线希望破灭了，他无路可走，只好宣布破产，把工厂转让他人，以偿还巨额债务。于是，诺贝尔一家从兴旺的高峰，一下子又跌入贫困的低谷。伊曼纽尔眼见自己辛劳创建的产业落入他人之手，心里十分难过。为了回避这种令人痛心环境的刺激，他决定携带最小的儿子奥斯卡·埃米尔和妻子回瑞典去。他的三个成年儿子，得知父亲要归国的打算时，都表示要留在国外，先自谋职

业、准备有朝一日重振诺贝尔工厂。大哥说："爸爸，相信我，我会努力重振诺贝尔企业的雄风……"二哥也表达了同样的决心。诺贝尔也说："爸爸，我们三兄弟会齐心协力……"

父亲听到儿子们表决的信心，感觉到了一丝希望。他觉得不管诺贝尔家在物资财产上蒙受多么大的劫难，只要几个有出息的儿子团结一致，诺贝尔家企业就有重新振兴的希望。全家人互相叮嘱一番便分别了。从此，诺贝尔、路德维格和罗伯特，各自走上了独立的人生道路。

成长加油站

诺贝尔学以致用，他把从艾里克森先生那里学到的知识全都应用到蒸汽机的研制中去了，因此，他和父亲一起顺利完成了俄国军方给诺贝尔父子工厂提出的新任务。在不到一年的时间里，他们造出了8台性能良好的蒸汽机，使俄国军方感到很满意。小朋友，希望诺贝尔的学以致用对你有一些启发。

延伸思考

1. 诺贝尔因为完成什么项目而病倒了？

2. 诺贝尔父亲为什么派遣诺贝尔去海外贷款？

第十一章　初遇硝酸甘油

自19世纪产业革命以来，开矿业和铁路交通业的发展，迫切要求爆破威力更大的炸药，用以开凿矿山坑道。于是，对于新式炸药的研制，便成为当时技术和科学的热门课题。在这项充满危险的研究事业中，有一串闪光的名字，照耀着炸药发展的历史。

在提到这些伟大人物的名字之前，要先来说说黑色火药的故事。黑色火药是中国古代四大发明之一，它从原料配比到制造方法，在相当长的一段时间内，都没有多大改变。直到19世纪，它还是独霸炸药领域的唯一宠儿，无论是发射物、爆炸药，还是引爆药和导火药，都离不开它。可以这么说：没有任何一种东西可以取代它。但是，黑色火药自身有着无法改变的缺点，那就是它的爆炸威力不大。因此，很多科学家都为了改良它而奋斗不息。

第一位改良者：法国化学家贝罗兹。他在1837年用浓硝酸处理纤维质，制得了一种硝酸纤维素。由于这种产品，也有缺点需要完善，因此过了许多年之后，第二位改良者出

现了。

第二位改良者：白特哲与旭恩拜因。他们在1845年先后用硝酸和硫酸的混合液，处理棉花纤维，制得与硝酸纤维素相似的物质，称为硝化棉（俗称火药棉）。

这种火药棉的出现，不仅在制造炸药的工艺方面有了新的突破，而且在爆炸性能方面也有了改进。因此，这种火药出现之后，立即引起了欧洲工业界和化学界的关注。但是，由于硝化棉具有很强的化学活性，存放时非常危险。这是因为硝化棉中所含的杂质引起的，而当时的研究者们又没有认识到这个问题的严重性，因此，一直没能研制出来可以在干燥地方长时间放置又不分解爆炸的火药棉。所以，从1850年开始较广泛地研制火药棉以来，因存放这种爆炸物而引起的不幸爆炸事件频繁发生，致使人们不敢进一步应用和研究。

一件事物的失败或许就是为了另外一件新事物的诞生而做的铺垫，因为几乎与此同时，在炸药发展史上又出现了另一位改良者，意大利青年化学家苏雷罗。

苏雷罗曾做过硝酸纤维的发现者贝罗兹的助手，对贝罗兹的研究工作很熟悉。他回到自己的祖国意大利以后，继续研究硝酸与有机物的反应问题。苏雷罗也知道非常危险，但是，他不甘心！有一次，他的助手说："万一再次爆炸了，你会后悔吗？"他说："化学研究事业不可能是一帆风顺的，出现意外是无法避免的……"

科学巨人诺贝尔

　　1847年2月17日,苏雷罗将很纯的甘油,滴入2∶1的硫酸和硝酸的混合液中,经化合反应后,制得一种黄色的油状透明液体,这是甘油的三硝酸酯,俗称即硝酸甘油。当时,研制出硝酸甘油的苏雷罗教授,并不了解这种化合物具有极易引起爆炸的性能。有一次,为了测定硝酸甘油的成分,他把它溶解于醚中之后,发现醚很快就挥发掉了,只有一薄层硝酸甘油的沉淀物附着在烧杯底上。或许是所有献身于化学研究的学者们都不怕危险的缘故,他没有做任何防护措施,便点燃了酒精灯,并拿起烧杯在灯火上加热。不料,"轰"的一声巨响,烧杯爆炸了!飞溅的碎玻璃片划破了他的手和脸。这次意外伤害,令他很沮丧,化学家特有的尊严使他有点裹步不前。

　　虽然苏雷罗发现了硝酸甘油和它的爆炸性能并制成了硝酸甘油药物,然而遗憾的是,这一切并没给他带来成功的喜悦,因为他觉得作为一个化学家,发现一种新的化合物,而又不能测定它的化学成分,是一件不确定的事,他认为自己的实验并不成功。同时,硝酸甘油可怕的爆炸性能,又使他感到恐惧,他不敢轻易设计分析方案。当他停步不前的时候,他也希望后人可以继续研究。因此,他把自己的重大发现公布于众。

　　苏雷罗的重大发现引起了俄国著名化学家尼古拉·西宁的重视。他想寻求把硝酸甘油应用到实践中的方法。1854

年，他曾提出过用多孔物质吸附硝酸甘油的设想，但他和苏雷罗一样惧怕试验的危险性，未能把设想付诸实践。

后来，他就把硝酸甘油应用开发的希望寄托在诺贝尔一家身上。这是为什么呢？因为他知道，伊曼纽尔是应用黑色火药的专家，并且他本人又是伊曼纽尔几个儿子在圣彼得堡时期的家庭教师。凭着自己对于诺贝尔父子的了解，他认为，他们父子不会因为惧怕而放弃研究。

1859年的一天，西宁教授前来访问诺贝尔父子工厂。宾主寒暄几句之后，客人从皮箱中取出一个小瓶，小心翼翼地托在手心上，瓶里装着黄色油状液体。主人说："西宁教授，这是硝酸甘油啊！传言很危险，容易爆炸啊！您的意思是……"西宁教授点点头表示主人认对了物品的名称，他说："我接下来要做个小试验，帮我拿块铁板来吧！"

诺贝尔搬来了铁板，西宁将瓶里的液体往铁板上倒了一小滴，用火点了一下，那液体忽地燃烧成一团。再往铁板上倒了一小滴液体，并用铁锤轻轻地敲击了一下，"啪"的一声，发生了猛烈的爆炸。

西宁教授说："硝酸甘油的爆炸力极强。然而，不幸的是，发现

硝酸甘油

科学巨人诺贝尔

这个化合物的苏雷罗教授却因在测定它的组成时发生爆炸,脸部受了重伤。"诺贝尔的父亲问道:"是不是他停止了实验?"

西宁教授点点头,说:"硝酸甘油很容易爆炸,由于人们恐惧它,至今也没有人再去研究它。"诺贝尔听着西宁教授的谈话,眼睛里闪烁着兴奋的光芒。诺贝尔把小瓶子放在手上,像注视一块珍奇的宝石一样,聚精会神地看了好一会儿。

伊曼纽尔十分感兴趣地问西宁教授:"我看爆炸力可能比黑色火药强10倍。你的意思是,想把硝酸甘油用到水雷上,对吧?"西宁教授点头:"是这样的,不过,硝酸甘油很不稳定,非常危险。但是我认为你有勇气和才能进行这项研究……"

从来不知危险为何物的伊曼纽尔自然不会拒绝这样的请求,可是没等他表态,诺贝尔却抢先说:"请把这项研究交给我们吧!"诺贝尔的请求正和西宁教授的心意,父亲更是赞赏儿子的勇气和胆魄。从那以后,诺贝尔父子便与硝酸甘油有了新的故事。

自从西宁教授向他们介绍了硝酸甘油以后,诺贝尔父子便投入到硝酸甘油的开发实验中。因此,可以说他们父子是把硝酸甘油应用于炸药事业的先驱。伊曼纽尔是从混合炸药的角度来研究硝酸甘油的应用的。这是他返回瑞典后所进行的研究工作。

第十一章　初遇硝酸甘油

他感慨地对最小的儿子说："没有想到，我们回来以后，还有新课题等待着我们去研究和开发呢！"最小的儿子说："是啊，爸爸！我支持您的研究，到时候，您要是需要三哥，您就写信给三哥吧！""对，你倒是提醒了我呢！"

成长加油站

西宁教授说：硝酸甘油很容易爆炸，由于人们恐惧它，至今也没有人再去研究它。别的化学家惧怕的事情，诺贝尔父子并不惧怕，就是这样一种大无畏的精神，诺贝尔父子做出了别人难以企及的成就。小朋友，攀登科学高峰虽然艰辛，但并不可怕。面对未来，不要惧怕，要有勇气和胆量。

延伸思考

1. 诺贝尔在对待硝酸甘油的危险方面是什么样的态度？小朋友，你欣赏诺贝尔的态度吗？

2. 诺贝尔不怕危险的精神是不是来源于父亲呢？

第十二章 专利权之争

当时,伊曼纽尔对混合炸药的爆炸效果和应用前景抱着十分乐观的态度。他预想,如果用这种混合物,那么用量将会减少到平常炸药的一半,而且还可以减少烟尘对枪炮的污染。伊曼纽尔在1863年配制成混合炸药,这种炸药是在黑色火药中加入10%的硝酸甘油制成的。

他对自己的研究方向非常自信,因此,他写信给诺贝尔,催促他从圣彼得堡赶回斯德哥尔摩,来协助他做实验。他担心儿子不愿意协助自己,所以他在信中夸大了研究成果。他在信中写道:"儿子,我相信你的实力和经验,我一个老人家忙不过来,父亲需要儿子的帮助……我试验的火药,已取得实质性结果,我用低价制成的产品,其效力可与最好的法国霰弹枪火药相媲美。这种火药制成后,也许还能卖到全球去……我确信能挽回从前在俄国的所有损失。所以你一定要赶快回来,帮助你的老父,并在国内外开展这项事业。"

伊曼纽尔没有接到儿子的回信,心中忐忑不安。他只好再次提笔给儿子写信,他说:"亲爱的小儿子,望你接到为父的信件之后,速速回国来协助父亲重筑我们在俄国的

辉煌……"

伊曼纽尔接连发了几封这类信件。在父亲三番五次地催促下,诺贝尔只好动身返回斯德哥尔摩。

父子相见以后,父亲告诉儿子说:"瑞典军事当局资助我一笔钱款,让我为一个委员会进行一次试验。"

诺贝尔问父亲:"预备在哪里试验?"

父亲说:"如果没有变化,我们就在瑞典的卡尔司废炮台进行试验。"

诺贝尔担心父亲的想法会有不妥的地方。果然,实验的那天,新炸药用于枪弹的效果还算不错,可是用于炮弹却完全失败了。幸好,诺贝尔事前对可能发生的情况有所准备。他取了一份硝酸甘油及黑色炸药各半的材料装进炸弹,投出去后炸弹爆炸了。事后他告诉父亲这个细节,父亲当时没有说什么。

诺贝尔进一步向父亲解释说:"起初,炮弹没有发生爆炸,说明这种混合炸药引爆很困难。其实,这种炸药致命的弱点就在于此。只有按一定比例把硝酸甘油与黑色火药混合,这种炸药才能发生强有力的爆炸。如果混合后不马上使用,经过一段时间,硝酸甘油被黑色火药的孔隙所吸附,这时混合炸药就难以引爆了。若想引爆它,需要用强而有力的雷管。"

父亲沮丧地摇头说:"雷管啊,什么时候能发明出来呢……"

诺贝尔说:"父亲,请您振作起来,给儿子一点时间……"

诺贝尔炸药工厂遗址

几年以后,诺贝尔发明了雷管,这个引爆的难题一下子就迎刃而解了。

后来,诺贝尔的母亲回顾往事时,这样说道:"小儿子在那次为军方进行的混合炸药试验表演之后,用整整一个夏天的时间,按照他父亲的意思,对各种成分不同的配料反复试验,结果证明伊曼纽尔的设想无法获得成功。最后,他父亲自己都感到厌倦了,干脆放弃了应用硝酸甘油的念头。"

那时候,父亲对小儿子说:"看来,我的想法不靠谱啊,你是我的儿子,你的想法或许也是来源于我的想法……"对于父亲的说法,做儿子的也不好说什么。

但是,诺贝尔试验过父亲的想法以后才重新按照自己的想法,将这项研究继续下去。这件事很能说明诺贝尔父子之间存在着一种微妙而又有趣的关系——在大前提下能团结合作,而在具体做法和环节上又各持己见,互不相让。面对这种矛盾,父子俩所持的态度也是不一样的。伊曼纽尔往往摆出不可一世的架势,他锋芒毕露、刚愎自用,表现出十足的家长式作风;而诺贝尔则表现出做晚辈的谦卑和恭顺,但这只是一种表面形式,其实他采取了一种以柔克刚、以静制动

的战术，来对抗父亲外强中干的霸道作风。他不会说什么，也不去顶撞老父亲，会听取老父亲的各种建议和思路，甚至会花一些时间去检验老父亲的试验方案，但他心里却有另外一套想法："您是长辈啊，我不能惹您生气。你怎么说，我就怎么做，直到证明你的想法绝无实现的可能。那时候，对不起，老爸，你这套行不通，还是看你儿子的吧！"

他们父子之间围绕科学发明形成的这种明争暗斗的矛盾，虽然有损于亲情关系，却是一种在资本主义制度下不可避免的社会竞争意识的缩影。

诺贝尔的弟弟想起三哥和父亲之间的故事，他是这样说的："与老父亲相比，三哥总是技高一筹。他在反复实验中发现了一个规律，假如设法先使少量硝酸甘油爆炸，由此发生的震荡和热力，可引发全部的硝酸甘油爆炸。根据这一发现，他找到了解决引爆混合炸药这一难题的突破口——研制硝酸甘油的引爆剂。经过一番摸索，他终于发现了这种引爆剂。他在一根小玻璃管里装满黑色火药，并在里面埋上一根导火索，然后再把这根小玻璃管浸入装有硝酸甘油的容器内……"

有一天，诺贝尔邀请大哥、父亲、二哥、弟弟、助手等人来正式观看自己的试验。因为硝酸甘油的爆炸力极强，诺贝尔又是第一次兴师动众地邀请这么多人来观看这种新型实验的全部过程，所以在场的每个人都提心吊胆的。

父亲问诺贝尔："你有多大把握？"诺贝尔回答："儿子有十分把握……"父亲看到众人屏住呼吸，凝视着诺贝尔

科学巨人诺贝尔

点着了导火索，他也十分紧张。等导火索燃烧了一会儿，诺贝尔把那个"魔盒"扔了出去。过了一会，盒子里传出了"扑哧"一下不大的响动，接着，那盒子在地上翻了几个跟头，便安静地躺在那里。预期里震天动地的爆炸声并没有发生。大家你看看我，我看看你，都不说话。短促的沉默过后，父亲放声大笑并发出了刺耳的责问："十分把握？"父亲说完之后，便转身离开了。罗伯特想到经过精心准备又兴师动众的一次试验，到头来竟放了个哑炮，也大声笑了起来。他拍拍三弟诺贝尔的肩膀，也快步离开了。只有小弟弟奥斯卡·埃米尔神情严肃，在一旁一言不发，弯着腰和三哥一起收拾着试验阵地上的物品……

父亲幸灾乐祸的嘲笑声，一方面刺伤了诺贝尔的心，事过多年后，他对此还一直耿耿于怀，另一方面也激励了他决心把这项研究进行到底。他在心里发誓说："我要让嘲笑我的人看到我的辉煌……"

任何人的成功道路上都不是一帆风顺的，都会遇到或多或少的阻力，你的决心和自我激励只要坚持那么几年，阻力将会变成助力。

诺贝尔经过反复思索，又仔细地检查了实验装置以后，终于找到了引爆不成功的原因，他对小弟弟奥斯卡·埃米尔说："你知道为什么没有爆炸成功吗？"奥斯卡·埃米尔知道三哥一定会找到原因的，他睁大一双亮晶晶的眼睛，看着三哥兴奋的表情，说："三哥快给我说说呗！"诺贝尔摸摸小弟弟的头，说："原来是因为玻璃管口没有封紧，以至于导火索引发了管内的黑色火药以后，不能把玻璃管炸碎，因而也就不能产生出足以使硝酸甘油爆炸的冲击力和高温。"小弟弟奥斯卡·埃米尔听完三哥的叙述，若有所思地问道："你是说，假如用封漆密封管子的两端，然后点燃引信，再把盒子扔出去，便会爆炸？"诺贝尔点点头。果然，这一次诺贝尔成功了。接着他又反复表演了几次，也都获得了成功。

他说："我根据理论上的推演而得出这样一个结论：假使能够将火药的热力用一种足以引起爆炸的速率传递给硝酸甘油，使其在气体冲击的压力下发出更大的热量，就能促使爆炸的实现。"1863年，诺贝尔根据自己正反两方面的实验结果，总结出引爆硝酸甘油的原理。

随即诺贝尔在瑞典申请专利，获得了硝酸甘油引爆物的专利权。由于这项专利是诺贝尔以他个人的名义申请的，他父亲认为自己在这项事业的发展初期所发挥的作用被忽略了，他本人也被儿子忽视了，心中十分恼火。

一天晚上，他终于发作了，从饭桌旁站起来，就儿子单独申请专利一事，大声吼着说："你凭什么把你父亲甩到一边，只以你的个人名义申请了专利？"诺贝尔也不示弱，同父亲面对面地站着，气得脸色铁青、瞳仁充血，虽然一言不发，但是流露出寸步不让的神情。他的神情已经回答了父亲的问题，因为他的脸上没有愧疚和歉意。父亲原本以为儿子会记得自己最初的付出，在申请专利的时候会写上自己的大名，可惜，儿子并没有这么做。诺贝尔虽然与父亲性情不和，但与他正面冲突、顽强对抗，这还是他生平第一次。这

科学巨人诺贝尔

表明他做人的原则性：他一切都可置之度外，唯独自己真正的成就不容否定和侵占。

诺贝尔虽然用黑色火药引爆硝酸甘油获得了成功，不过，他发觉这种引爆物的

诺贝尔博物馆中的硝酸甘油

威力还不够大，比如，用这种引爆物就不能引爆硝酸甘油与黑色火药的混合物。因此，他在继续寻找一种更强有力的引爆物。

自从诺贝尔和父亲因为专利事件产生隔阂以后，诺贝尔在发明创造方面的成就都是通过小弟弟奥斯卡·埃米尔传达给父亲的。两年后，小弟弟奥斯卡·埃米尔眉飞色舞地告诉老父亲说："三哥经过两年左右的时间，终于发现一种叫雷酸汞的褐色粉末对震动非常敏感，受到撞击或摩擦即可发生爆炸。后来，三哥将雷酸汞封装在铜管里制成引爆物，称为雷管……"

父亲说："雷管？你三哥果然说到做到。说不定将来人们会一直使用吧……"父亲说对了，雷管自诞生以后，一直沿用至今天。

诺贝尔从发明用黑色火药制成的引爆物到用雷酸汞制成的引爆物，经历了无数的艰辛和危险，终于圆满地解决了混合炸药的引爆问题。当时欧洲正在修建的一条横穿纳雷达山

脉的铁路，由于使用了诺贝尔制造的硝酸甘油炸药，工程进度大为加快。从此，这种炸药便在世界范围内普遍生产和广泛应用。

成长加油站

无论做什么事情都需要一种锲而不舍的精神。面对硝酸甘油应用的失败，诺贝尔和父亲所持的态度是不一样的。当他父亲发现硝酸甘油应用失败以后，就干脆放弃了应用硝酸甘油的念头；而诺贝尔面对试验失败和父亲幸灾乐祸的嘲笑声，更加下定决心把硝酸甘油的应用进行到底。他从发明用黑色火药制成的引爆物到用雷酸汞制成的引爆物，经历了无数的艰辛和危险，终于圆满地解决了硝酸甘油炸药的引爆问题。很多事例表明：失败是成功之母。小朋友，以前学习成绩不理想不要紧，重要的是你要锲而不舍、坚持不懈。

延伸思考

1. 你认为诺贝尔在研究硝酸甘油炸药方面有哪些地方超越了父亲？

2. 诺贝尔激励自己下决心将研究进行到底，后来他成功了吗？小朋友，你从中学到了什么？

科学巨人诺贝尔

第十三章　突发横祸

1863年9月3日，太阳刚刚升起，诺贝尔沐浴着晨光，怀着一种朝圣者般虔诚的心情，踏着花岗岩台阶拾级而上，仰望着雄踞于岩堆石累高台之上巍峨的瑞典王宫城堡，他知道，自己此时此刻是站在祖国的土地上，一种游子回国的感情油然而生。

他微微地喘息着，站在宫墙旁边，俯视着高台下面的古斯塔夫·阿道夫广场。广场周边矗立的王族宫宇和歌舞剧院等建筑群，披着灿烂的霞光，显得金碧辉煌。京城的景观在他的目光扫视下不断地拓展，这座古朴典雅的北欧城市，从马拉湖畔一直延伸到海边，城区里镶嵌着大片大片的树林和草地，整个城市就像一个由星罗棋布的游览区所构成的大公园。

诺贝尔的目光顺着南边的通往郊区的石铺小路望去，路的尽头有一片林木掩映的房子。那里有他的父母居住的平房，院落里树木高大，花草繁茂，清香四溢。在父母住宅旁边有一幢简陋的房舍，那就是他新购置的研制硝酸甘油炸药的实验室。

第十三章 突发横祸

此刻，诺贝尔的小兄弟奥斯卡·埃米尔和一位名叫卡尔·埃里克·赫茨曼的年轻化学师，正在一位助手的帮助下，小批量地生产硝酸甘油炸药呢。往常他总是亲自率领大家一起工作的，因为这种研制炸药的生产很危险，要是不细心就会酿成大祸。

这次他是为了与J.W.史密特先生谈生意专程到城里来。想到他刚建成的实验室和在那里进行的危险实验，他的游兴顿时消失了，决定立刻回去。

就在这时，在视线焦点的林木上空腾起一股翻滚着火团的浓烟，把朝霞染成酱紫色……"啊，会不会爆炸啦！埃米尔……"诺贝尔发出一声闷声瓮气的惊叫，疯狂地奔下台阶。

一路上，他头脑里交织着绝望和侥幸，交替地折磨着他，令他脑袋疼痛不已。虽然他心存侥幸，但是，侥幸却是个冷酷无情的吝啬鬼，它从不对苦难者寄予同情。残酷的现实宣布诺贝尔的侥幸破灭了。

诺贝尔赶到出事现场时，救火的人早已走散了，呈现在他面前的是冒着淡淡余烟、散发着焦腥气味的废墟。他轻轻地推开家门，屋子里死一般的寂静。老父亲和衣躺在床上，两只失神的眼睛呆呆地望着天棚；从厨房里传来母亲断断续续的啜泣声。他明白了，父母的精神状态说明了一切。

灾难是真的发生了。

诺贝尔像被定身法定住一样，一动不动地伫立在屋里。

他对弟弟和助手们的不幸遇难感到悲哀,他对突然发生的横祸感到愤慨。

成长加油站

细心很重要,无论做什么事情都不能粗心大意。当诺贝尔在城里游玩的时候,他的心依然挂念着他的实验室。因为他研制硝酸甘油炸药的实验室正在小批量地生产硝酸甘油炸药。往常他总是亲自率领大家一起工作的,因为这种研制炸药的生产很危险,要是不小心错了一个实验步骤就会酿成大祸。想到他刚建成的实验室,他的游兴顿时消失了,决定立刻回去。这说明他放心不下实验室,他希望万无一失,但是,心存侥幸是行不通的。小朋友,从现在起,做事情要细心,万万不可以心存侥幸。

延伸思考

1.面对瑞典王宫城堡的景致,好不容易进城游玩的诺贝尔为什么游兴顿时消失了?

2.诺贝尔为什么会心存侥幸心理?小朋友,想一想,你会在什么时候心存侥幸?

第十四章　勇于承担责任

诺贝尔的邻居强行把他从房间里拖出来，告诉他事情的真相："你出去了以后，你父母正在饭桌前进餐，忽然一股热浪把房门掀开了。两位老人抬头一看，只见大火从实验室里迸出，接着是一声雷鸣般的巨响，霎时间，整个实验室化作一个烈焰滚滚的火海。当时，你母亲卡罗琳拼命地拉住要扑向火海的丈夫，她知道心爱的最小的儿子和在场的其他人都没救了……诺贝尔，你要节哀！"

诺贝尔的邻居见他一动不动地站着，脸色铁青，邻居为了说明一下当时的情况，接着说道："当大家听到爆炸声音的时候，邻居们纷纷地提着水桶等救火工具赶来，但因火势太猛，也担心实验室再次发生爆炸，所以都不敢靠近火场。大家眼睁睁地看着大火把实验室烧个精光，而后才动手清理现场，在冒烟的废墟里扒出四具烧焦的残骸，年轻的化学师卡尔·埃里克·赫茨曼、你的小兄弟奥斯卡·埃米尔、那个助手和一个倒霉的过路人……诺贝尔，你要挺住！实验室没了，你还可以重新建立一个，就是你的弟弟……请

节哀……"

诺贝尔的邻居拍了拍他的肩膀,声音哽咽着说不下去了,抽搐着肩膀离开了。

诺贝尔一直都有迁怒于他人的脾气,尤其是遇到危难和灾祸时,总是立即由远及近地寻找灾难的根源,以便及时发泄怨气,要不然他会憋死。但每一次,当他发过脾气后,不管别人有多大过失,他都把事故的责任完全揽在自己身上,他为人正直善良,做事有责任感,意志刚强,他不会怨天尤人。

在生产硝酸甘油的工厂里,他们是在小批量生产,每次只把四五克硝酸和双倍硫酸混合,等到冷却后,再取两三克甘油一滴一滴地加进去,再将合成的液体倒进磨缸水里,再从水中分离出硝酸甘油。溶液的温度绝不能超过30度,否则就会发生危险。

这次爆炸引起人们极大的恐慌,因为有四个人当场身亡,斯德哥尔摩报纸上也夸大地报道这个极为恐怖的消息。舆论的压力使市政当局极为不满,下令警察局迅速采取调查行动,调查事故发生的原因和经过,从而查明诺贝尔父子是否应承担刑事责任。

在诺贝尔家面临着被绳之以法的紧要关头,有两家大公司出面讲情了。一家是瑞典矿业公司,一年前诺贝尔曾为那里的矿工们演示过硝酸甘油的爆炸威力,使在场参观人员对

那种炸药的威力惊叹不已,当场签订了订货合同;另一家是瑞典铁路公司,他们为了开凿苏德曼姆山隧道,完成通向斯德哥尔摩的铁路工程,急需硝酸甘油炸药。实验室爆炸事件发生后,两家公司同时向有关当局疏通,极力为诺贝尔工厂开脱罪责。他们说,在试制炸药过程中,事故是难以避免的,如果说生产执照的签署人(诺贝尔的父亲伊曼纽尔)负有玩忽职守罪的话,那么在这场不幸的事故中,他痛失幼子,也算得上是对这位老人的一种惩罚了——只不过这样的惩罚太过沉重了⋯⋯

尽管有这两家公司从多方面为诺贝尔工厂说情和排忧解难,但是,司法检察机关依然没有放过他们。自从惨遭横祸后,诺贝尔的父亲一直卧床不起。不久,检察院便发下传票传讯他的父亲,诺贝尔便慨然代替父亲出庭受审。

在审讯中,诺贝尔一口咬定,虽然他利用父亲制造爆炸物的旧执照进行生产,但因硝酸甘油炸药是属于他自己的专利,因此他个人应该承担生产事故的全部责任。

诺贝尔的父亲为儿子敢做敢当的行为所感动,为报答儿子袒护他的心意,他也为儿子作了书面辩护。他在辩护书中写道:因为没有一人幸存,我只能根据亡儿在

诺贝尔在自己的炸药工厂里

遭灾前几天对我说的话来推断，这次爆炸是由于他企图简化制造炸药油的方法而造成的。

作为父亲的伊曼纽尔是爱儿子们的，他把发生事故的过失完全推给死去的最小儿子，因为他不想活着的儿子遭遇警察局的诘难。他在心里祈祷说："可怜的奥斯卡·埃米尔，我对不起你！你也很爱你三哥，对吗？你在天之灵也会原谅我的，对吗？你生前还只是个21岁未谙世事的大学生，不仅在突发灾祸中断送了年轻的生命，而且在黄泉之下还蒙受不白之冤，承担肇事罪责。我这也是没办法啊，儿子！原谅我……"父亲背着诺贝尔流着眼泪，窝在病床上为儿子祈祷平安。

尽管父亲为诺贝尔作了辩护，警察局长还是召见了诺贝尔面谈："诺贝尔先生，斯德哥尔摩城到处都流传着你的工厂的恐怖消息。市民现在对你的工厂都非常害怕。你知道为什么会发生那样的大爆炸吗？"或许是父亲的辩护和合作方说情的缘故，局长的言辞比较谦和有礼。

诺贝尔镇静地回答道："关于这点，我们已着手调查，但是，不幸的是，当时在现场的人员，全部遇难，所以无法说明爆炸的直接原因。不过，我记得以前埃米尔说过的话，就是不知道真实原因是什么。"

"你弟弟生前说过什么话？"

"弟弟常常说要简化火药的制造法，并且很热心地研究。也许在做实验的过程中出现了什么意外，因而造成这次惨剧。"

其实，当他又从头至尾检查实验中可能出现的问题时，

他发现有一处可能出现问题，那就是实验者们在忙碌中忘记了查看温度计。当温度超过30℃时，实验品硝酸甘油就会爆炸。

于是，局长就再问："假如硝酸甘油旁边有火苗，是不是会发生危险？"

"不，仅是点火，不会爆炸，只会像石油一样慢慢燃烧，自然消失而已。""若装在桶里加以密封怎么样？""也不会引起全部爆炸。我为了做这个实验，曾在玻璃管里尽量填入硝酸甘油，然后加热，但是爆炸的只是极少量，其他的都飞散了。"

局长再问："那你的工厂为什么发生爆炸呢？"诺贝尔镇静地说："这个我也调查过了。爆炸事件发生时，在工厂里，有那天预定出货的火药三百磅。可是，查看爆炸情形发现，实际爆炸的量极少，其余的都在爆炸时飞散掉了。""那么是不是说，你的三百磅火药中，只有极少量爆炸，就引起这桩惨剧？"诺贝尔答道："是的。""好了，大概已明白了。你可以回去了。"

诺贝尔向局长鞠了个躬，就回家了。

他想借这次面谈的机会，把硝酸甘油的性质尽量详细说明，使当局明了在普通的情形下，硝酸甘油炸药是毫无危险的。

最后，警方做出决定，禁止在城区继续生产硝酸甘油炸药。诺贝尔被迫把生产设备装置在一艘驳船上，并将船开至湖心，继续进行这项十分重要同时又非常危险的生产。

科学巨人诺贝尔

成长加油站

面对灾难没有抱怨，也没有怨天尤人，而是仔细查清事故原因，并且勇于承担责任，这是诺贝尔的过人之处。在审讯中，诺贝尔一口咬定，虽然他利用父亲制造爆炸物的旧执照进行生产，但因硝酸甘油炸药是属于他自己的专利，因此他个人应该承担生产事故的全部责任。诺贝尔的父亲为报答儿子袒护他的心意，他也为儿子作了书面辩护。父子之情可见一斑。小朋友，可怜天下父母心啊！父母不但给了我们生命，还会在我们最困难的时候为我们承担一切。

延伸思考

1. 诺贝尔为什么把事故的责任完全揽在自己身上？

2. 两个公司都尽力帮助诺贝尔父子开脱责任，这是为什么？

第十五章　公开试验打消疑虑

有一次，诺贝尔的大哥罗伯特把12瓶硝酸甘油带到外地去演示。演示完毕后，还剩下两瓶硝酸甘油，他交给一个技师，嘱咐他说："这两瓶油，你要好好保管它，确保万无一失。"

技师点头答应："放一百个心，我懂！"技师乘上一辆驿车，把装有两瓶硝酸甘油的箱子捆在车顶上。技师安全到达目的地后，取下箱子一看，大吃一惊，箱子里少了一瓶硝酸甘油。他慌忙沿原路往回找，结果发现一个伐木工人正在用瓶中的油擦皮鞋呢！伐木工人并不知道手中的液体不是鞋油，而是随时会爆炸的硝酸甘油，绝没有想到死神已经在身边转悠……

1865年12月4日，一位德籍推销员把一瓶10磅的硝酸甘油小心地放在一个箱子里推销。他住进伦敦格林尼治地区一家小旅馆。他离开旅馆时，把放甘油的木箱交给搬运夫照管，等他来取。这位搬运夫有时把它当作一个坐凳，擦皮鞋时就用做脚垫。一个晴朗的星期天早晨，德国籍推销员回到了旅馆里，他嗅到了一股刺激性很大的酸味儿，他一跺脚，说："坏了……"他奔跑着大声呼喊搬运夫："快打开房门，快……"正在此时，他看到搬运夫抱着箱子往外走，箱子却正在冒着蒸汽，箱子被扔掉后没过多久就发生了可怕的爆炸，邻居的房屋

受到严重损害，门窗粉碎，街道路面破裂，深达4尺。

硝酸甘油制成以后要反复清洗，除去残存的酸质才能确保使用和运输的安全。不过当时受技术条件的限制，只能用试纸粗略地检验，难以确保产品的纯度，包装方法也很落后。人们对新炸药不太了解，对诺贝尔告诫他们的种种注意事项也不够重视，因而硝酸甘油上市以来，凡是把硝酸甘油用于施工的国家和地区，都不断传来硝酸甘油爆炸的消息。例如：在汉堡附近建造的一座名为克鲁姆尔的工厂炸毁了；继而在挪威莱萨克的工厂也因为硝酸甘油爆炸而焚毁了。

由于诺贝尔及其有关公司是提供这种"灾难产品"的元凶和基地，因而也就成为谩骂、攻击和抱怨的对象。这时的诺贝尔就像一个赶赴火场的消防队员，穿梭来往于美国和欧洲之间。为了消除硝酸甘油接连的爆炸事件对他的企业所造成的消极影响，他四处奔走，做演讲，进行现场试验，以证明使用硝酸甘油时，只要遵守安全操作规程就不会招致意外的危险。

1866年，诺贝尔为了验证硝酸甘油爆炸的安全性能，亲自到美国去进行公开试验。诺贝尔到了美国以后，由于人们惧怕这种危险的火药，竟连发明它的人——诺贝尔，人们也不敢接近了。"对不起啊，没有房间了！"诺贝尔接连被好几家旅馆拒绝了。难道诺贝尔的身体会爆炸吗？从前被赞为"新产业的先驱"、"新文明的希望"的诺贝尔，今天却如鼠疫一般地叫人讨厌，到处遭白眼。可是，诺贝尔并没有因此而心灰意冷。他买来一床棉被，找到一个废弃的沙发将就了一宿。

第十五章　公开试验打消疑虑

天亮以后，诺贝尔就开始干活了。他贴了这样的广告："今天下午诺贝尔会在采石场附近，公开试验硝酸甘油爆炸，敬请广大市民前来参观。"可是，当天到采石场来参观的人不到三十个，而且，每个人都是战战兢兢，不敢靠近。

诺贝尔把这危险的油，滴一点在铁板上，举起铁锤说："请各位看看，撞击这种火药。"这时，那些参观的人，都缩头缩脑地开始找地方躲避。"砰！"虽然响起了尖锐的声音，但是诺贝尔并没有受伤。胆大的人看到诺贝尔并没有受伤，就靠近了一些试验场。

他镇静地说："各位也看见了，硝酸甘油如果加以撞击，只有受到撞击的那部分会爆炸，其余部分就都飞散掉了。要使它全部爆炸，非装在岩石中或铁器里面加以密封不可。从这一点看，硝酸甘油比石油还安全呢！请大家记住操作方法和注意事项……"他一方面招呼参观的人，一方面简单明了地做理论上的说明。在将近两个小时的时间里，诺贝尔做了各种各样的小试验，给参观的人看。最后，参观的人说："没有调查就没有发言权，看来，是我们误会了硝酸甘油……爆炸是由于运输不当或者是没有按照诺贝尔先生的操作方法去正确使用造成的……"这时候，参观的人已经被诺贝尔的专业操作给说服了。最后，他又做了两三次真正的爆炸，表示在必要时，它有极大的威力。"真是不错啊，其实是很安全的呢……是不明真相的人们冤枉了发明人的产品！误会，误会啊……是好产品啊！"参观的人都惊叹着回去了。

科学巨人诺贝尔

成长加油站

做任何事情都会遇到挫折和困难,只要不放弃,认真做好每一件小事,人们就会改变看法。诺贝尔虽然遭遇挫折,但是他没有放弃。他性格乐观,对于挫折从不介意。他曾拥有大规模的工厂,虽然由于人们对于硝酸甘油炸药的不当使用和运输造成很坏的影响,但他仍然不会放弃对硝酸甘油炸药的推广和应用。诺贝尔有着乐观的情绪和自强不息的进取心以及屡遭挫折而毫不气馁的坚韧精神。这些,都是诺贝尔一生的精神财富。

延伸思考

1. 为什么诺贝尔会成为被谩骂、攻击和抱怨的对象?

2. 诺贝尔为什么要去美国做公开试验?小朋友,你从诺贝尔身上学到了什么?

第十六章　新型炸药的诞生

　　虽然诺贝尔到处奔走着做公开试验、演讲等，也收到了一些效果，使人们不再惧怕硝酸甘油，也不再咒骂自己。但是，为了真正驱散笼罩在人们心头上的恐惧乌云，诺贝尔又搞出了一项重大的发明。

　　一天，他偶然观察到盛装硝酸甘油的马口铁罐外壁上附着一层糊状物，原来是泄漏出来的硝酸甘油被储罐外面的涂料硅藻土所吸附。他一见这种糊状物，不禁喜出望外，他说："硅藻土啊，到处都有的东西啊，终于找到你……"他的自言自语引起了助手的注意，助手说："诺贝尔先生，你成功了，祝贺你！"其实，诺贝尔本人也没有想到，他一直朝思暮想的硝酸甘油吸附剂，就这么轻易地被他发现了。

　　1867年，诺贝尔在公司新助手卡尔·迪特默的协助下，对被吸附在硅藻土上的硝酸甘油炸药进行了试验。诺贝尔对助手说："我们经过试验，结果表明，这种新型硝酸甘油的固体炸药，不仅保持了液体硝酸甘油原有的爆炸威力，而且还杜绝了液体硝酸甘油易燃易爆的危险性，具有运输和操作上的安全可靠性。卡尔，我们成功了……"助手点点头，眼神亮晶晶地看着诺贝尔智慧的脑门，觉得他是世界上最伟大的发明家和创造者，说："是啊，我们成功了，你可以获得很多个国家的专利呢……"诺贝尔说："先不说专利。这种新型固体硝酸甘油炸药研制成功也有一段时间了，我们把它命名为'达那炸药'，你觉得怎么样？"

硝酸甘油的爆炸威力极大

助手回答："好名字，只是也有人称它为'猛炸药'呢……"

诺贝尔说："哈哈，人们爱怎么叫怎么叫！"诺贝尔并不介意人们如何称呼他的新型炸药。

由于这种炸药具有优异的性能，诺贝尔相继在几个国家获得了专利，应用的范围迅速打开，把开矿工程和筑路速度推进到一个新的时代，诺贝尔的企业也迎来了一个辉煌发展时期。

达那炸药这一新产品引起了世界上很多人的兴趣，虽然刚开始时遭到几个国家的抵制，但很快便突破各种障碍，在世界范围内打开了销路，使产量逐年增加。1868年2月，诺

贝尔荣获了瑞典科学院颁发的金质奖章,这是为"在文学、艺术和科学领域上有杰出的、独创性的著作,或者曾做出对人类有实际价值的重要发现"的人而设的大奖。诺贝尔获此殊荣自然很荣幸,不过在他的心里也蒙上了一层阴影。因为那奖章不是单独奖给他个人的,而是奖给他和他父亲两个人的。奖状上写着:鉴于伊曼纽尔为使用硝酸甘油作为炸药做出贡献,尤其是诺贝尔发明甘油炸药,特予奖励。诺贝尔对奖状的措辞并无意见,使他感到愤愤不平的是,他父亲把奖章据为己有,而不想交给他。当然,他父亲这么做,也是有他个人的打算。他认为如果把奖章交给儿子,那就意味着这项荣誉的获得主要应归功于儿子,这是这位争强好胜的老人无论如何也不肯承认的事情。

其实,父亲把奖章据为己有也是情有可原的,因为他身体行动不便,出门很不方便,假如身边有个奖章陪伴着他,或许可以让他感觉到自己依然刚强如初——就像儿子一样可以像猛虎似的进军发明界和创造界而屹立不倒……或许诺贝尔以后才有可能体会到父亲的精神世界有多么辽阔和富饶……

父亲不再缺钱花,衣食无忧。诺贝尔回到家里,也会和老父亲说说自己的心里话。这天,他拖着疲惫的身体回到家里,父亲就给他端来一杯水,说:"累坏了吧,喝口水。"父亲知道,在这期间,儿子过着一种得不到休息的紧张生

活，他每天面对着各种重要问题的困扰，比如公司的组织和财务，可靠的合作伙伴和助手的遴选，合适的监工及技术工人招聘，厂址选择和施工计划以及根据各国的法律必须采取综合的安全措施等问题，都需要他亲自过问。他看到父亲拖着病体给自己预备温开水，非常感动，他说："爸爸，儿子不累！反而是您这身体……"他的父亲不服老，也不服病，摆摆手说："你老爸我刚强着呢，有什么烦心事给我说说，或许我帮不上什么忙，听一听，也可以给你解解压……"诺贝尔说："谢谢爸爸……我非常渴望一个人躲在实验室里，安静地进行实验，或者凝神思索也可以啊，我很希望花在这方面的时间能多于为了烦琐的公司事务而不得不同各国有关当局、公司和各种人物打交道的时间……"说到这里，他停顿了一下。父亲接过话茬说："因此，你一有机会就会躲进实验室里，又去搞你的科学实验啦。"诺贝尔微笑着点点头。

　　总的来说，诺贝尔的事业是由两部分工作组成的：一部分是炸药研究成果的应用开发；另一部分是炸药的前期研究开发。他对前一项工作感到厌倦，而对后一项工作兴趣较浓。正是这两种兴趣不同的工作，轮番占有他的精力和时间，两者结合起来促进他整个事业的发展。用现代的语言来说，那就是他在开发与应用这两个方面齐头并进、协调发展、相互促进。他将研究成果很快地推向生产，再根据生产

中提出的新课题，进一步搞研究开发。

　　最近他发现有一个问题需要解决：由于硅藻土在爆炸过程中不参加化学反应，又吸收了部分热量，致使达那炸药威力低于纯硝酸甘油。于是，他又率领助手进行改进实验，过了一段时间，他对助手说："我们改进试验过程中，想要看看还有没有其他东西可以代替硅藻土，或者是比硅藻土更好？"助手说："我们已经进行了几个月研究，发现硝石粉、松香、糖、淀粉等都可以代替硅藻土用做硝酸甘油的吸附剂，只是……"诺贝尔说："大家对这些研究成果还是不满意，因为没有从根本上消除达那炸药威力不够大的弱点。这个弱点必须改变……"助手说："是这样的，弱点需要改进，试验做了很多，还是没什么进展……"诺贝尔沉思片刻后说："立刻停止我们之前对达那炸药修修补补的研究试验，重新确立新的研究课题。"助手说："诺贝尔先生，这可需要极大的胆略和气魄啊，你想……"诺贝尔微微一笑，说道："我想把与硝酸甘油并行于世的另一种炸药硝化棉的优点与硝酸甘油的长处融为一体，制成一种威力大、安全性能好的新炸药，使它既能超过达那炸药，又能优于硝化棉。"助手点点头，说："对啊，您的想法或许是个新课题，也是个新的研究方向呢！"由此可见，诺贝尔是一个有胆略和气魄的人。

　　世上无难事，只怕有心人，只有想不到的事情，没有做

科学巨人诺贝尔

不到的事情。既然诺贝尔这样想，就说明他是有决心攻克这个难题的。

1875年的一天，诺贝尔在实验室工作时，玻璃试管破裂，把他的手划破了。他的助手用哥罗丁给他敷了伤口。夜里，他手指疼痛得难以入睡，不由得又想起了实验的事情。他想着想着就翻身坐起来，助手听到动静，问："是伤口疼吗？"他回答："是的。"助手起床给他拿来哥罗丁创伤膏，他看着这种名叫硝棉胶的创伤膏不由自主地想道：既然这种胶质物在它所含有的液体挥发后，能形成一种薄膜封住伤口，那么是不是可以设想，先将某种硝化纤维溶于乙醚或乙醇等易挥发的溶剂中制成胶棉，然后再将它与硝酸甘油混合，从而制成新型炸药呢？助手看他拿着创伤膏发呆，以为他手指疼痛厉害，导致他不能入眠呢，就安慰他说："睡吧，睡着了就感觉不到疼痛了。"助手说完熬不住困意，就又躺下睡着了。诺贝尔的脑海里却是新型炸药的制作构思，早已忘记了疼痛不已的手指。他想到就会立刻去做实验进行证实，他来不及穿上鞋子，跳下床就跑到实验室去做实验来验证自己的想法。他在实验室里彻夜工作，到曙光初照时，他的试验成功了，制成了炸胶样品。

助手第二天来到实验室，发现诺贝尔双眼通红，还没等助手说话，诺贝尔开心地告诉他："你看，这是什么？""新炸药？""对，这是我昨晚通宵达旦制成的炸胶

第十六章 新型炸药的诞生

样品。""先生,您昨晚不是手指疼痛吗?""要感谢疼痛不已的手指呢,没有创伤膏的启发,我还想不到新炸药的制作思路呢。"助手:"恭喜恭喜,新炸药成功了!"

后来,诺贝尔又经过多次反复试验,不断地改变配方,终于制成了较理想的"炸胶",引爆后,其所含的硝酸甘油与硝化纤维全部燃烧,产生强大的爆炸力。在此基础上,又经过一番研究,他又制成了名为"巴立斯梯"的无烟炸药。这种炸药能用做各种火炮的发射药,在炸药发展史上又树起了一个里程碑。诺贝尔的重大发明,都是建立在他不断追求完美的基础之上的,经过改良,逐渐完善,最后,越来越好。

硝酸甘油的爆炸威力极大

科学巨人诺贝尔

成长加油站

诺贝尔的确是一个天才，他富于幻想，凭着自身天资，成为一个有名的发明家。他曾拥有大规模的工厂，但对工作的兴趣超过对效益的兴趣。诺贝尔创造性的思维和丰富的想象力使他发明了硝酸甘油炸药、达那炸药、炸胶。诺贝尔有着极大的胆略和气魄，他敢于重新建立新的研究课题，他虽然取得了卓绝业绩，成为炸药大王，也获得了很多专利，但他没有停滞不前，而是继续艰苦奋斗，研制出了无烟炸药。小朋友，从现在起，努力学习，艰苦奋斗，你也会像诺贝尔一样打开你的创造性思维。

延伸思考

1.诺贝尔手指疼痛使他想到了什么？小朋友，诺贝尔的想象力对你有什么样的启发？

2.小朋友，想一想，为什么说诺贝尔是一个有胆略和气魄的人？

第十七章　法国的金发少女

　　诺贝尔在事业上是一个叱咤风云的强者。尽管他一生中在事业上曾多次遭受挫折，但他都以其坚忍不拔的毅力和勇敢无畏的精神，不断地迎接挑战，从困境中崛起，获得事业的成功。那么，诺贝尔在爱情上是不是也是一个强者呢……

　　诺贝尔在爱情上却是一个弱者。与他有过爱情的女生并不多，只有三位：一位是法国巴黎不知名的金发少女，另一位是奥地利籍女作家贝尔塔·金斯基，最后一位是维也纳的卖花女莎菲娅·赫斯。

　　在婚恋问题上，他并没有遭到像事业上那么严重的打击和挫折。他的第一个恋人，虽然猝然离世，对他打击很大，但是这一次的恋爱却是成功的。

　　1850年，17岁的诺贝尔第一次离开了侨居的圣彼得堡，赴德国、瑞典、意大利、法国以及美国考察。

　　有一天，他信步走进巴黎街头的一间舞厅，坐在一个不显眼的位置上。那炫目的灯光，那翩翩的舞影，那窃窃私语声和悠扬乐曲声,在他眼前展示着一个令人炫目的陌生世界,而置身于其间的他,又显得那么孤独、飘零、忧郁,他的气场和舞厅的环境很不协调,显得格格不入。

他坐在那个被舞厅气氛所压抑的角落里,呆若木鸡。此时此刻,他没有任何感觉,既没有融入舞厅的氛围里,也没有沉醉在悠扬的乐曲里,头脑里一片空白,完全处于一种木然的痴呆状态。

这时,一位金发碧眼的美少女轻轻地走近他身旁,柔声地问他:"这位沮丧的年轻人,你是不是失去了亲人?"当时的他好像被这个世界遗忘了,突然有个悦耳的声音在耳旁响起,语气充满了关切和担忧。

他回答:"这位好心的姑娘,也许我丧失的比这更多,我失去了一切幻想。"也许是诺贝尔的幽默和深沉刺激了她的好奇心,也许是他的哲理和睿智使她获益匪浅,她在诺贝尔身边坐了下来。一场投缘的谈话,从舞场杂乱喧闹的浊流中透析出来,像一条净化过的澄澈的溪流,潺潺地鸣奏着心曲。

她满怀兴趣地打听诺贝尔的一切,问道:"你喜欢什么?""我喜欢发明,喜欢研究,喜欢科学,希望能够为人类的幸福而做点什么……但是,我也很孤独……"诺贝尔坦诚地倾诉他对人生的一些看法。一开始,他就把人生的追求和理想和盘托出,也把郁结在心头的苦恼和悲伤一股脑儿地

告诉她,诺贝尔向她袒露心事,没有隐瞒和惧怕。诺贝尔的热情和悲观相互融汇,信心和自卑交织在一起,他复杂的情感犹如开闸的洪水奔泻而出。

诺贝尔说到儿时母亲对他的照顾和呵护时,还会念几句他写的诗歌给她听。她默默地倾听着,对诺贝尔的谈话,或表示赞赏,或表示惊异,间或也有几句插话,纠正他的消极看法。

美少女批评诺贝尔不该缺乏信心,指出聪明的禀赋和坚强的意志就是他的优势和资本,勉励他只要充满信心,勇于实践,就一定会成就一番事业,就一定能赢得人们的爱戴。

这位与诺贝尔年龄相仿的少女,在诺贝尔的心目中建立了一个十分完美的形象。她既是温柔体贴的大姐,又是循循善诱的导师,更是品行高尚的天使。

就这样,他们成了好朋友。从此,他们经常在塞纳河畔漫步,一起看河面上的波浪;在公园的长凳上长谈,畅谈着梦想和未来;在长满七叶树的林荫道旁手拉着手,一起轻轻地歌唱、吟诗。后来,他们恋爱了。

他们常常见面,总是有说不完的话,在频繁的交往中,尝到了爱情的甜蜜和欢乐。诺贝尔对少女说:"我失去的幻想,被你找回来了!"少女莞尔一笑,羞涩地回应他:"我们一起抓住幻想这个快乐的小鸟儿,和它一起飞翔……"诺贝尔在一首小诗中写道:

我怀着从未有过的喜悦感，又一次同她见面了。

从那以后多次约会，我们已经谁也离不开谁。

尽管他们在情感上难舍难分，相互承诺携手一生、白头到老，无

中年时的诺贝尔

论世界怎么变化，他们都会在一起。但是，命运之神却残酷地将他们拆开了。他们相爱不久，这位少女便一病不起，突然离开了人世。

当时，诺贝尔悲痛欲绝，整天一个人躲在屋子里，靠缅怀和回忆心上人，来打发那令人痛苦和难熬的日子。这沉重的打击，在他原本就有些灰暗的情调上，又涂上了浓黑的一笔，致使他在相当长的一段时间里，情绪低落，精神颓丧。这就是他短暂的初恋，也是他一生中最值得怀念的爱情故事。

虽然初恋很美好，也值得他回忆终生。但在他遇到生命中的第二位女生之后，他却那么缺乏自信，优柔寡断，谨小慎微，拖泥带水。这不能不说是这位伟大的发明家一生中的一种悲哀和不幸。

第十七章 法国的金发少女

成长加油站

诺贝尔在异国他乡是孤独的,他渴望友情和爱情。他很幸运地遇到了自己的初恋,他坦诚地倾诉他对人生的一些看法。他的热情和悲观相互融汇,信心和自卑交织在一起,他复杂的情感也向她倾诉。她默默地倾听着,对他的谈话,或表示赞赏,或表示惊异,间或也有几句插话,纠正他的消极看法。她也会批评他不该缺乏信心,指出聪明的禀赋和坚强的意志就是他的优势和资本,勉励他只要充满信心,勇于实践,就一定会成就一番事业,就一定能赢得人们的爱戴。因此,她在他的心目中建立了一个十分完美的形象。小朋友,诺贝尔十分幸运地遇到了自己的导师和天使,因为他们都是品行高尚的人。

延伸思考

1.诺贝尔的幽默和深沉、哲理和睿智表现在什么地方?

2.诺贝尔把人生的追求和理想告诉了谁?小朋友,你的人生追求和理想是什么呢?

第十八章 "招聘"来的爱情

诺贝尔的大哥和二哥早已结婚生子，可是，诺贝尔却独身了很长时间。其中原因，一方面的确是事业繁忙，另一方面是没有遇到他心爱的女生。

直到1875年，那年他42岁，在奥地利首都维也纳一家最大的报纸上，登出一则招聘广告：居住在巴黎一个有钱的、受过高等教育的老绅士聘请一名懂得几门语言的成年女士当他的秘书兼管家。

看到这则广告，谁也不会想到，那个"有钱的、受过高等教育的老绅士"，竟是一向醉心于科学发明和发展实业，生怕有人打扰，对人若即若离，孤僻成性的诺贝尔。

从他招聘广告来想象他本人的意图，不排除他想要一段奇遇：聘请一位成年女士当他的秘书兼管家，而不是男士。从他写招聘启事来看，他也很孩子气，这位天才发明家和科学家，把爱情奇迹寄希望于"招聘"……

当他发出招聘广告之后，在工作之余，他也会做一番美好的想象：会招聘到一位什么样的女士呢？金色头发还是黄

色头发呢……

广告登出后,诺贝尔虽然并不抱多大的希望,但他仍怀着几分好奇心,等待着应聘的信息。

在应聘的信件中,有的人刻意炫耀自己的柔美,有的人陈述管家的才能,还有人把应聘信件写成了求爱信,但是,她们都避而不谈如何履行秘书的职能。一天,诺贝尔看到一封署名为贝尔塔·金斯基女伯爵的信,立刻引起了他的兴趣。那封以法文写成的信件,语法严谨,措辞恳切,不卑不亢,谦虚而又不失自信,简直无懈可击。信中介绍自己是个贵族出身的奥地利人,一个33岁的单身女士。

看完那封信后,那迷雾般女人的身世和遭遇,更加引起他进一步探究的兴趣,一个出身名门的女伯爵,为什么33岁还不嫁人呢?为什么要远走他乡去当女秘书?诺贝尔寻思着:不像是一个迷恋金钱的女人啊,那是为了什么呢……

他当即用英文写了封回信,向她简单地介绍了自己的情况。他的信换来了对方情调高昂、乐观自信的回音,使他顿时变得小心谨慎起来,依稀觉得她是个恃才高傲、不好对付的女人。所以在下一封复信中,他采取更加务实的态度,以他特有的含蓄和幽默,提出他用人的条件和标准。

她在下次回信中,收敛了锋芒,显得很含蓄、很隐晦,暗示自己在生活中屡遭挫折和不幸。这寥寥数语,越发引起诺贝尔的深思。

最后，诺贝尔不再写考查性质的信件了，他用简短公文式的信函直截了当地说明工作要求和报酬，并问贝尔塔何时启程。

对方回答更为简短："立即启程。"

那天，在诺贝尔驱车前往巴黎火车站去迎接贝尔塔途中，一路上他不停地观看着过往的女人，想把心目中想象的贝尔塔形象，与过路的某个巴黎女人相印证。当他面前经过一个貌似三十多岁的女人的时候，他就会多看几眼，心想："贝尔塔的外貌大概会是这个样子吧……"

他这么做的时候，心里觉得有点荒唐可笑。

尽管理性嘲笑他荒唐，但当一位身段苗条、亭亭玉立的女孩走出月台，笑容可掬地伸过手来说"我是贝尔塔·金斯基"的时候，他依然又惊又喜。

她实在是太美了，无可挑剔：微微扬起的鹅蛋脸上，秀气而挺直的鼻梁是那么匀称，使整个面庞和谐得简直令人吃惊；右眼似乎比左眼略大，因而右眉微拱而左眉平直，深褐色的头发遮掩起稍稍隆起的前额；红润的双唇间露出两排洁白的细齿，嘴角挂着不加掩饰好奇的微笑，然而又是友好的。

他在内心不免惊叹："不像30岁出头的女人啊，看上去就像个20岁左右的姑娘……"

贝尔塔·金斯基初见诺贝尔时的惊讶程度，绝不亚于诺

第十八章 "招聘"来的爱情

贝尔对她的反应，她在回忆录中写道：……（他）给我留下愉快的印象。实际上并不是一个白发苍苍、年迈力衰的'老绅士'——如同广告所暗示的那样，根本不是……他那时才43岁，身材中等偏低，络腮胡子，相貌不难看也不漂亮，一双碧蓝的眼睛温和而善良，使他的表情不显得过于惆怅和冷峻，讲话的语气交织着抑郁和讽刺。诺贝尔那天表现得比平时热情一些，因为对方的貌美如花令他开心，对他来说就是一个意外的惊喜。

总之，他们初次见面时，彼此的印象都很好，加之主人的礼节又很周到，双方很快便产生好感。他们很谈得来，尽管对问题的看法不尽一致，但他们却有许多共同感兴趣的话题。她很爱倾听他的谈话，因为她发现他的谈吐富有感染力和哲理性。对她来说，听他的谈话，简直就是一种知识上和精神上的享受。他的谈话不仅领域宽广，而且见解深邃，蕴涵着高深的人生哲理。贝尔塔非常欣赏诺贝尔的工作风格，不但工作态度认真，对于问题有着执着、深究、独到的见解，既宏观又微观。她觉得像是遇到了人生导师，又像是遇到了人生知己，她非常庆幸

巴黎塞纳河畔的美景

自己的好运气，遇到这样的上司，她很高兴。

虽然贝尔塔坦率地向他介绍了自己的身世，她告诉他："我外祖父是一个默默无闻的贵族，又是一个名不显赫的诗人。"她说到"诗人"想起了他也喜欢写诗歌，所以，她停顿了一下，微笑着问他："你也喜欢写诗歌呢，说不定你会得到我外祖父的欣赏和厚爱呢！"他喜欢她的微笑，他也知道，她说这句话只是表明她记得他的爱好。他点点头，表示认可她所说的话语，但没有接下话茬，他不希望打断她接下来的叙述。

她抬头看看他的神情，接着说自己的身世："我父亲是个英年早逝的中将衔军官；母亲是个曾想当歌手的赌徒，整天与无所事事的富翁和投机家们聚赌；我是在父亲的一个朋友——一位守旧的奥地利贵族的法定监护之下长大成人的。"她说到这里，就没有了下文。

诺贝尔很想知道：一个漂亮、活泼，能歌善舞，有文化、有教养，而且早就踏入上流社会，交游遍及欧洲的女人，为什么拖到33岁还没有结婚？

面对这个心照不宣的问题，她没有谈。可是，这个问题却是诺贝尔一直关注的，同时又是贝尔塔一再回避的谈话禁区。

一天，诺贝尔去旅馆接她，发现她眼睛哭得又红又肿，想找点话来安慰她，便谈起自己童年时饱受疾病折磨的痛苦

经历。他说:"我天生体弱多病,父亲总以为我活不长久,母亲也是竭尽全力地呵护我……那时候,我很悲观,总认为自己活着没有意义……"当谈到情感最冲动时,他送给她一首倾诉他童年不幸的长诗。这首富于哲理性且长达百页的长诗,实际上是以诗体写成的日记,这次诺贝尔一反他懦弱、缄默的常态,大胆地向贝尔塔打开自己多愁善感的心扉。

诺贝尔以为,对她一诉衷肠,便可开启她的心扉,不料她继续保持沉默,出于同情心,直截了当地问她,"我冒昧地问一句,你有没有男朋友?"

在这种情况下,她只好将一直回避在婚恋问题上的遭遇和不幸和盘托出。她告诉他说:"我有男朋友……我回避这个问题,是因为……"诺贝尔很揪心,但是,又不得不听她继续说:"我的故事有点长……"诺贝尔:"没事,你慢慢说,我听着呢。"她娓娓道来:"我曾遇到过几个向我求婚的男人,可是不知是生活中的偶然巧合,还是命运有意同我开玩笑,作为终身配偶,年龄不是偏高就是偏低,只有一个年貌相当的,还因一次水上交通事故,造成阴阳分离的悲剧……"诺贝尔心想:我的初恋也是夭折了,想到初恋他又是一阵心痛!

她也注意到了他表情的变化,只是她处于痛苦的回忆中,无暇顾及他的感受,她继续说道:"你信吗?祸不单行,福不双至。不久,我母亲因赌运不佳,把全部家产输个

精光。我们母女俩被迫搬到一个小镇，靠着政府逐年供给的抚恤金，过着清苦、孤寂的生活。我不甘心，我自信依靠自己的聪明才智能闯出一条路来。我征得母亲的同意，就到了一位有四个女儿和两个儿子的男爵家去当家庭教师。在这个家庭里，我结识了比我小7岁的阿瑟。他是一个能诗善画，又能弹一手好钢琴，还会谱曲多才多艺、英俊、可爱的青年。我们一见钟情，一起坠入爱河。不久，我们相爱的秘密被男爵夫人发觉。她以上流社会贵族妇人所特有的礼貌和矜持，暗示了她反对幼子与家庭教师的恋爱关系。不被家长祝福的爱情会遭遇更大的挫折……在遭到家庭反对的情况下，我只好决定离开他们家。说来也巧，那家女主人让我看到了你登在报纸上的那则招聘秘书兼管家的广告……"

诺贝尔听到这里，似乎明白了什么。自从贝尔塔来到诺贝尔身边以后，不断地有消息传来，阿瑟对她的出走感到十分悲痛，每天神情恍惚，痛不欲生。目前，她之所以精神不振，心事重重，她之所以对她所景仰的男主人的分外热情明明察觉而又无动于衷，其原因就在于，她心里的创伤未愈，她还受着斩不断的情丝困扰。

诺贝尔轻声细语地问她："你还爱着阿瑟吗？"她点点头，表示认同。

当诺贝尔知道了她个人在婚恋问题上的不幸遭遇以后，他认为，他们两人在婚恋方面算是彼此了解了。诺贝尔听完

第十八章 "招聘"来的爱情

贝尔塔那一连串不遂心的经历所构成的故事，他缄默了。

他想，那场受家庭反对的婚事是注定不会成功的，要是再拖延下去，除了招致无穷的忧患和悔恨，除了在心灵上给自己留下痛苦的伤痕之外，不会有什么好结果的。

诺贝尔考虑再三，决定向这位身陷困境的姑娘提出个不避嫌疑的建议，他告诉她："作为你的朋友，我有个建议，我希望你和阿瑟断绝关系，不再来往，也不再通信。"贝尔塔虽然心里感谢他的同情与关怀，但也并没立即采纳他的建议，听罢他善意的规劝后，她一声不响地走回了自己的房间。其实，她很想问一问他：为什么这么建议？但是她当时很伤心，也很牵挂阿瑟，无暇顾及诺贝尔的想法。

诺贝尔认为，他提出那个"一刀两断"的建议，除了出于对那位善良而伤感的姑娘表示深切的同情外，也绝不能排除他潜意识中存在着个人的愿望和动机。他希望他的建议能引起她的深思。但是，他没有想到她的痛楚：她很爱阿瑟，阿瑟的痛苦就是她的痛苦，她不可能只顾自己的幸福而不去关心自己恋人的痛苦。他忽略了她的个性：她是个敢爱敢恨的姑娘，她是个有情有义的人。

中年时的诺贝尔

他们的关系面临着向新阶段迈进的艰难期。第二天,诺贝尔按计划去了斯德哥尔摩参加一家新的达那炸药厂的开工典礼。

不过,在路上,诺贝尔在心里祈祷奇迹出现:希望她能够做出决定,离开阿瑟,留在自己身边一辈子不再离开。诺贝尔甚至想象了一下未来:可以把她的妈妈接过来一起居住,给她老人家养老送终。

诺贝尔没有对贝尔塔的抉择施加积极的影响,而一封来自维也纳的电报,却对贝尔塔的抉择产生了决定性的影响。电文是:"没有你,我无法生活。"她再怎么喜欢诺贝尔先生,也不会放下阿瑟的生死而不顾,还有,她认为诺贝尔没有自己,他可以再去招聘一个秘书兼管家。贝尔塔立即做出决定,不辞而别,赶赴维也纳,在城郊乡下的一个小教堂里,悄悄地同阿瑟举行了婚礼。

诺贝尔为她的轻率行动感到惋惜,自己也有点懊丧。但是,知情的旁观者却更替诺贝尔惋惜,由于他的懦弱和消极,错过了一个最佳的终身伴侣。

第十八章 "招聘"来的爱情

成长加油站

诺贝尔的谈吐富有感染力和哲理性。对贝尔塔来说，听他的谈话，简直就是一种知识上和精神上的享受。他的谈话不仅领域宽广，而且见解深邃，蕴涵着高深的人生哲理。

他纵论世界与人类，生命与艺术，瞬间与永恒。他谈论他回避社交生活的遁世态度及其原因，是基于对世人的肤浅、虚伪、轻薄的深恶痛绝。他确信，多数世人没有把他自己的潜力发掘出来，或者虽然发掘了一些但又使用不当。他说："一旦人的智力被更好地开发出来，人类会变得更加高尚。"小朋友，从现在起，努力做一个高尚和自信的人，努力开发你的智力和潜力。

延伸思考

1.小朋友，你对开发智力和潜力有什么看法？你对人类的高尚有什么想法？

2.诺贝尔为什么要回避社交生活呢？

第十九章　又苦又甜的18年

1876年，诺贝尔在维也纳遇到了一个企业界的朋友，那位朋友邀请他去自己的别墅吃顿午饭。赴宴途中，他走进一家花店，想给女主人买束鲜花。

他刚走进花店，一个年轻美丽的姑娘便满面春风地迎上来。诺贝尔不知道该买束什么花，那位姑娘就主动地问他："女主人的婚姻状况和年龄你知道吗？她和你是什么关系？"那位姑娘满不在乎地打听别人的私事，使诺贝尔感到她憨直得好笑，也不同她计较，当即如实做了回答。

在他们一问一答的对话中，他被那姑娘优美的姿态给迷住了。她实在太美了，黑油油的秀发从头部中间向两边披散开，弯弯的细眉下面闪烁着一对淡蓝色的眼睛。这双眼睛半遮半掩地藏在又长又密的睫毛下，顾盼生辉，所流露的既不是思想，也不是感情，仿佛完全与外界无关，只是表明自身的存在。他还注意到她那像没有骨头的小猫一般柔软的身姿，动作伴随着倦态的妩媚。红红的嘴唇微微张开，露出一线白齿，讲话的声音仿佛蒙着一层轻纱，又仿佛发自梦境。

诺贝尔约她饭后一道去郊游，她高兴地答应了。她就是莎菲娅·赫斯。莎菲娅与诺贝尔并骑漫游在林间小道上，面对富有诗情画意的自然风景，她似乎并没有多大兴趣，她急切地问他："你是做什么的？"诺贝尔偏着头说："你猜猜看。"她妩媚地低下头，然后抬头说："做生意的商人，开工厂的，很有钱，对吗？"他回答："猜对了一半儿，钱是有一点儿。主要是研究……"她不想听别的，打断了他的下文，直截了当地问："你结没结婚？"诺贝尔摇摇头，心想：假如当年我也像她一样这么直截了当地追求贝尔塔，或许结局将会不一样吧？

她絮絮叨叨地诉说着她悲惨的家世，带着小女人般的哭腔说：

"我父亲是个愤世嫉俗的小商人，我母亲是个贪婪的、工于心计的家庭妇女，我还有3个貌不惊人的妹妹。我母亲把希望寄托在4个女儿身上，尤其是我，指望有朝一日我会被哪个有钱人看中，从而使我们家时来运转。我们家真是太贫穷了……哪个有钱人会看上我们家的姑娘呢，除非天上掉馅饼！"

或许是年龄差异太大的缘故，这姑娘讲起话来既坦诚又粗俗，显得傻气十足，但又很可爱，也不令人讨厌。诺贝尔除了被她的美丽所陶醉外，对于自己所表现出的耐心感到很惊讶：竟然愿意浪费时间来倾听一个小女孩的悲惨家事！

这个女孩在诺贝尔心目中留下的印象非常鲜明，她美丽绝伦，但俗不可耐；她外貌俊美，但性情庸俗。正是这两种截然相反的态度，使他俩的关系一直处于合不拢又分不开的矛盾状态。

诺贝尔与莎菲娅相识不久，给了她一笔数目可观的银行存款，期望她能改变一下生活方式，提高一点文化修养。诺贝尔这么做的出发点，并非是想在两人间建立更加亲密的关系，而是把对她的接济只当作一项善举，指望她或许能有个满意的归宿。

诺贝尔告诉她："这笔钱可以改变你的家境，要是可以的话，多去图书馆看看书，或者报个培训班……"莎菲娅不耐烦地打断他的话语："我不爱看书嘛！你陪我去逛街，买东西……"诺贝尔很想告诉她：你找个好人嫁了吧！可是，傻姑娘倒像是知道了他的想法，说："你没有时间陪伴我吧，你给我一张金卡，我找个人陪我去，你忙你的研究。"在诺贝尔的世界里，很少有这么直接的人。对于他来说，时间比金钱宝贵。

对莎菲娅来说，好运来得太突然，使她感到一阵如获至宝的狂喜。之后，她又感到不安和难以置信。她想，这一切是不是一个对生活厌倦的富翁逢场作戏？是不是凭一时的心血来潮对他人的一点施舍和接济？想到这里，她就怕得要命，她希望得到诺贝尔的爱，以便确立永久性的依赖关系。

一个人一旦害怕失去什么，就能够做出大胆的决定和行动。

莎菲娅干脆利落地对他说:"我们结婚吧,反正我是要嫁人的,你也是单身。"诺贝尔面对姑娘的勇敢和大胆,感觉到自己的懦弱。他摇摇头,说:"不,我们不合适!你嫁给别人,我也会帮你预备嫁妆的。"莎菲娅庆幸自己的好运气:遇到一个人傻钱多的老绅士,又是未婚,怎肯放弃。

这是莎菲娅从一开始就打定了的主意,并且在他们以后长达18年之久的交往中,她一直也没有改变的主意。改变主意的倒是诺贝尔。起初诺贝尔是清醒的,他曾一再警告过自己,不管她的外貌多么迷人,可是她那难以改变的庸俗习性,无法使他们走到一起。然而,随着交往的增多,莎菲娅那简单而又坚定的主意以及她那与日俱增的魅力,逐渐地激发诺贝尔的情感,同时也渐渐地使他失去了理智,一步一步滑入难以自拔的情网。

诺贝尔在巴黎为她准备了一套住宅,并雇了一名女仆、一名厨师,还聘了一位旨在提高她文化水平的家庭教师。诺贝尔很爱她,因为她简单而执着,就像是自己在事业上的简单而执着一样,令自己着迷,欲罢而不能。

莎菲娅来到巴黎那个舒适、安逸的住所那天,高兴得像只归巢的小鸟,张开双臂扑到诺贝尔的怀里。这一瞬间,她施展的爱情魔力终于使那位理性很强的发明家失去了自控,使他感到"这一刻就是永恒"的甜蜜。诺贝尔被她征服了,说:"我爱你,希望你感觉幸福……"她说:"你爱

着我，我就很幸福了！谢谢你来看我，我很开心，我是世界上最幸运的人！"

但是，从那以后，他们的爱情关系进入了令人生厌的矛盾时期：他们开始争吵了。莎菲娅喜怒无常的情绪变化，伴随着他们亲密愉快的交往。她抱怨诺贝尔不肯多花时间来陪她，闹着要同他一起去外地办事，一起去他忙碌而又危险的实验室。她说："我要去和你一起做实验，我要和你一起去谈生意，去见客户。"诺贝尔了解她的脾气，三分钟热度，就拒绝了她的要求。她也拒绝诺贝尔精心为她安排的各项有益的事情，她不肯花时间去观赏那些引人入胜的建筑和风景；她讨厌家庭教师的教导和指点，总是让其陪着她上街买东西。为此，他们会经常发生争执，争论过后又和好如初。他们两个就像淘气的小孩，因为没有遵守游戏规则而争吵不休，过后又忘记了为什么而争论。

不久，莎菲娅病了。诺贝尔突然感到心头涌起一阵对这位姑娘的感激之情，同时产生了一种抑制不住的欲望，领她去斯德哥尔摩见自己的母亲。他觉得：应该给姑娘一个名分，这是绅士的本分。

可是，在去斯德哥尔摩的日子临近的时候，他又开始后悔当初不该做出这个轻率的决定。因为他预料到把这样一个俗不可耐的姑娘介绍给母亲，一定会使老人家非常伤心。若反悔吧，又怕得罪了莎菲娅，伤害他俩之间的感情。诺贝尔为此食不甘味，寝不安枕，却想不出能向她解释清楚而又不至于伤害她的办法。或许上天只是给了他发明创造的智慧，并没有给他婚恋智慧吧。

莎菲娅对能否经受住诺贝尔母亲的审查，进而取得老夫人的欢心这件事，感到恐惧和不安。临近时，她主动提出放弃这次会见。诺贝尔心头上才去掉一个沉重的负担。其实，他们很相爱，只是他们不肯为对方做出改变，诺贝尔太忙碌，要发明创造更多的为人类造福的东西；莎菲娅太过懒散，不愿意付出努力去学习更多的文化知识，她对于枯燥无味的知识感觉厌倦，只想着吃喝玩乐。假如她能够把爱钱的心思拿出一点儿放到文化知识的修养上，或许他们的婚姻也是幸福美满的……

那一年，为庆祝母亲的生日，诺贝尔一家在斯德哥尔摩团聚。在享受天伦之乐之际，诺贝尔突然发现，如果此时此刻粗俗的莎菲娅在场，与两位有教养的嫂子相比，多么不般配，把她放在和睦的家庭成员之中，多么不协调，肯定会毁掉母亲晚年的幸福。想到这儿，他不寒而栗，同时，他心头闪过决然的想法，中断与莎菲娅的关系！此时此刻，或许他

忘记了粗俗的莎菲娅也有他深爱的一面……

但是,诺贝尔后来的表现证明,他这个决心是很难实现的。尽管莎菲娅到处游荡,挥霍无度,使他感到很苦恼,但当莎菲娅那明亮可爱的眼睛恳切地望着诺贝尔的时候,诺贝尔与她决裂的决心顿时化为乌有。她的天真、任性,受着本能支配的习性,又勾起他的怜爱和同情,这也许是他这个孤独人急需爱情庇护的缘故吧。按照诺贝尔的哲学,人的智力和潜力是可以发掘的。他认为,粗俗的莎菲娅如果肯接受教化,那结果将会不同,只是她的智力用错了地方,她具有潜力只是没有开发出来而已。或许这是诺贝尔的遗憾,假如他还想要发明创造什么,他很想要发明一种东西:可以帮助粗俗的莎菲娅变成高雅的莎菲娅。

如果说,诺贝尔对莎菲娅的不满和抱怨,是由于她因缺乏教养而流于庸俗,由于庸俗所导致的对低级趣味的追求,以及对他所从事的事业不理解,没完没了地纠缠的话,那么,莎菲娅对诺贝尔的不满和抱怨,则是由于他太顾及自己的事业而很少顾及她,不肯整天与她厮守在一起,甚至也不肯多花一点时间陪她,去痛痛快快地享受生活的乐趣。粗俗的莎菲娅对教养不感兴趣,她喜欢与享受为伍;而高尚的诺贝尔对与她整天厮守在一起更不感兴趣,他喜欢与实验室厮守在一起。

她根本就不知道诺贝尔的时间是多么宝贵,她把诺贝尔

必须参加的会议和必办的事务看成是讨厌的东西，甚至看成是躲避她的借口。她不理解，诺贝尔已经那么有钱，为什么不痛痛快快地享受生活，却整天没完没了地拼命？

对此，诺贝尔曾写信责备过她，他在信中写道："一个非常忙碌的人，让一个姑娘拖累着，这个姑娘根本不了解别人，却来干预他的正常工作。你难道不能理解这是一个多么可怕的负担吗？你为什么就不能好好反省一下自己的所作所为呢？"

责备莎菲娅，等于对牛弹琴，她根本不可能理解。她对上述的信所能理解的程度，只不过是"既然你不陪我，我只好自己玩喽！"

于是，她在巴黎住了一段时间，便扬长而去，到处游玩，寻欢作乐。每隔一段时间，诺贝尔就不得不寻踪尾追，而每追一次他就会大发雷霆。他写信责备道："当我想到你不得不一个人在世界上到处漂泊的时候，我的心要碎了。几年来，我一直提醒你，你应该找一个女伴。你不听我的劝告，使我们两人都吃尽了苦头。如果你有了一个女伴——为人要善良可靠，我就不必像一个护士那样跟在你后面在欧洲到处转悠，我和你在一起的时间也许就可以更多了。或许我还可以陪伴你到处走走，去吃美食，去旅游……前提是你要听话。"

莎菲娅无法理解诺贝尔这种婆婆妈妈式、满含深情的抱

怨和责备，自然也就谈不到接受和领情了。她变本加厉地放纵，得寸进尺地提出要求，她决定不在巴黎而在瑞士的蒙特过冬。

起初诺贝尔表示反对，他在信中写道："你年轻、温柔、善良的心灵渴求着爱情，你发现我的爱情太淡薄了……我再说一遍，努力去赢得一个善良、纯朴的人忠贞不渝的爱情，并建立一个真正的家庭吧。你多病，很可能是由于没有得到这样的爱情，感到寂寞、失望而引起的。你的嫁妆我来预备，尽管放手去爱……前提是寻找到你真正的爱人。"

可是，这封信寄出后，他立即反悔，又立刻写了一封求和信："我的建议是说着玩的，逗你的。你想在瑞士购买别墅，我答应你。希望在瑞士与你相见！"

他在瑞士买下别墅之后，唯恐与她同居会引起邻居的流言蜚语，有损于她的名誉。因此，他们假装是正式夫妇，诺贝尔在写给她的信和打给她的电报都称她为莎菲娅·诺贝尔太太，莎菲娅也用同样的名义写信、发电报。这样做似乎是无可厚非的，不料很快他便感到懊悔，因为他觉得粗俗的莎菲娅始终是粗俗的，始终没有改变什么。自己的努力都是白费，爱她无非是纵容她奢侈无度而已。

就这样，在诺贝尔的责备、训诫、抱怨、宽容、怜悯和妥协中，莎菲娅在人生游乐场中，穷奢极欲，纵情放肆。一个人高尚而努力工作，竭尽所能为人类的高尚而付出一切，

另外一个人却挥霍无度，虚度光阴，低俗又庸俗。诺贝尔痛苦不堪，莎菲娅逍遥自在。

1891年，诺贝尔收到莎菲娅的来信，信中告诉他："我已经怀孕了，孩子的爸爸不是你。我们的关系就此结束……"

尽管莎菲娅的行为有损于他们早已存在的关系，但是诺贝尔还是以他的宽容和怜悯，接受了这个令人惊异的结局。他通过双方律师的磋商，达成了一项协议，他愿意支付一笔数目可观的终身年金——给自己曾经爱过的莎菲娅姑娘。

诺贝尔画像

成长加油站

诺贝尔决定领莎菲娅去斯德哥尔摩见他的母亲。他觉得：应该给姑娘一个名分，这是绅士的本分。可是，在去斯德哥尔摩的日子临近的时候，他又开始后悔当初不该做出这个轻率的决定。因为他预料到把这样一个俗不可耐的姑娘介绍给母亲，一定会使老人家非常伤心。若反悔吧，又怕得罪了莎菲娅，伤害他俩之间的感情。他为此食不甘味，寝不安枕。小朋友，诺贝尔在爱情上是个负责任的人，对待母亲也很孝顺，这是诺贝尔的优点，值得我们学习。

延伸思考

1. 小朋友，诺贝尔的绅士派头表现在哪些方面？

2. 诺贝尔为什么要给莎菲娅请家庭教师？又为什么取消她与母亲的会面呢？

第二十章　把爱留在人间

到了晚年，诺贝尔病魔缠身，这是由于他拼命工作导致的，尽管医生建议他卧床休息，但是他依然为科学研究和实业发展而到处奔走。他长年累月地带病工作，终于把他的身体累垮了。

1896年10月，他的健康状况日益恶化，不得不到巴黎去医治和疗养。他躺在病床上，就像童年时代一样，整天冥思苦想。不过，这时候，他与童年时代不一样的是他想到什么就会请秘书记录。他对秘书说："我躺在病床上，心思还在工作上，我不想离开我的实验室，我的书籍，我思考的人生课题……我常常思索人生、自身和宇宙的意义……"秘书记录下他的话语之后，安慰他说："诺贝尔先生，您乐观一些，您好好休养一阵子，身体就会康复的，您的书籍，实验室，研究课题不会离开您的……"

诺贝尔点点头，说："这次我感觉病得严重啊，或许不会再回到实验室啦……不过，我现在与从前不同的是，当我想到自己的时候，不再是把思路引向未来，而是把思路拉回

到过去……"

诺贝尔说到这里,咳嗽了几声,秘书给他端来一杯水。他喝了一口,润了润嗓子,他接着告诉秘书:"我啊……怎么说呢!此刻的我正是处于人生的晚期,我在检查自己的人生答卷,检讨自己的所作所为,看看是否符合自己确立的做人准则和道德规范……"

秘书记录到这里,抬头看了诺贝尔一眼,看看他是否需要休息一下再接着叙述自己的人生答卷。诺贝尔摆摆手,表示自己不累。

他说:"此时此刻,我回顾过去,我感到遗憾的是,我没有抓紧时间向世人表明自己真正的性格和形象,表明我一生奋斗的真正动机和愿望……"

他说到这里,又咳嗽了几下,秘书紧张地站起来,要去给他倒杯水,他摇摇头表示自己没事。秘书在记录诺贝尔话语之后这样写道:他接下来想要说什么,我并不知道,但是,我猜想——他回顾过去,他感到遗憾的是,他没有抓紧时间向世人表明他在生活中所遭遇的挫折和创伤,这些挫折和创伤使他那颗隐隐作痛的善良心灵不得不裹上一层世俗通用的保护膜,于是,世人也就看不清这个灵魂圣洁的伟人的真实面目……

秘书写到这里,若有所思,又看了一眼诺贝尔,只见他在耐心地等待着自己写完,秘书不好意思地微笑了一下,接着写道:现在,在健康状况急剧恶化时,他预感到自己的时

第二十章　把爱留在人间

间已经不多了，应抓紧时间向世人展示他真实的形象和心灵。秘书写完了这一句，就提笔等待着诺贝尔继续说下去。

诺贝尔也不好意思地微笑了一下，便娓娓道来："记得我在青年时期，我就确立了为人类造福的人生目标。我也曾经告诉过爸爸我的人生目标是什么……我在自己一生的实践中都力求实现这个目标。不过，我十分担心自己实践的动机可能被人们遗忘和歪曲。比如，我担心世人会把我的名字同军火商人联系在一起，误认为我孜孜以求地发明火药和兴办火药产业，为的是牟取暴利。为了向世人展示我的真实形象和行为动机，我该怎么做呢……"

貌似他在询问秘书，也好像是在自言自语。秘书也就不经意地说道："关键在于您是如何处理积聚的大量财产，而这又取决于您的遗嘱。对不起，诺贝尔先生，我要是说错了，请您见谅！"

其实，秘书说得也对，因为问题是在他的遗嘱中如何体现他为人类造福的初衷，也就是说，怎么处理他身后遗留的巨大财产，使之有益于人类福利事业。对这个问题，他的认识需要个过程，他也认同秘书的话是对的。因此，他摇摇头，对秘书说："你的提醒对于我来说，很及时，谢谢！"

他说："大量的遗产，对于多数人来说，是一件祸害。凡拥有财产的青年，他们的前途注定是要毁坏的。"这表明，他是在确定遗产分给谁的问题。基于他一贯的"平民主

科学巨人诺贝尔

诺贝尔奖奖牌

义者"思想，因此，他不打算把遗产分给亲友，而全部作为奖励基金捐献给社会。秘书也很睿智，他问诺贝尔："那么，接下来是要确定用这笔基金奖励谁的问题？"

"对，可以这么理解。一开始，我只打算把全部奖金用来鼓励献身于基础理论研究的科学家。因为我一直认为，一些从事基础理论研究的学者不同于技术专家，他们很难从自己的研究成果中得到经济实惠，所以我想以巨款支持他们把基础理论研究工作坚持下去。后来，我从布朗热的政治事件与安德烈的科学探险事件中，从正反两方面认识到，倡导与提高社会理性和引导与控制群众激情，对实现人类和平与进步事业的重要性是不容忽视的……"

秘书迅速记录下诺贝尔的这一段话，因为他觉得这段话很重要。诺贝尔看他记录完毕，便问道："布朗热是谁，你知道吗？"

秘书点点头，表示知道。诺贝尔示意他说一说布朗热这个人。秘书说："布朗热是一位英俊潇洒的法国将军，曾出任过陆军部长，是一位善于投机、道德败坏的政治骗子。他以英俊的仪表和高超的骗术，赢得了军界和巴黎市民的普遍

欢心和拥戴。1889年1月27日总统大选那天晚上,巴黎市民拥向街头,兴高采烈地高唱着对布朗热的赞歌,等待着选举的结果,期望着作为总统候选人之一的布朗热能在竞选中获胜,入主爱丽舍宫。可是在这决定他政治命运的紧要关头,他却藏身于总统官邸附近的一家豪华宾馆,与他的贵族女人在一起……真是令人失望啊……"

诺贝尔也接着说道:"的确令人失望呢!这个欧洲最有智慧的民族,对于一个英俊的将军竟如此激动、如此狂热,甚至不计个人、国家和民族的命运,心甘情愿地追随他走向为盲从者所设置的陷阱和深渊……"

诺贝尔说到这里停住了,秘书知道,这使富于理性思维的诺贝尔感到异常惊讶,他从未意识到,一个政治风云人物竟有如此巨大的魔力,能像牧羊犬驱赶羊群那样,使紊乱的群众心理和行为形成流行的趋势;而那狂热的群众激情,一旦被政治骗子和战争狂人所利用,又会像决堤的洪水一样荡涤着社会理性,进而成为和平与进步事业的大敌。

秘书了解诺贝尔的思想和灵魂的高度,接着说下去:"我记得您刚才提到过安德烈……"诺贝尔说:"对,我是对你提起过这个人……安德烈是瑞典杰出的发明家和冒险家。他制造过一些热气球,上面装配了牵引绳、导向绳和风帆,在美国和欧洲成功地进行多次飞行试验。后来,安德烈赴北极的科学探险活动,引起了公众的普遍兴趣和关注,在

社会上产生了轰动效应。因此，我想……"

秘书听到这里，内心就明白了，诺贝尔从中受到了启发，使他找到了把群众的激情引向正路的方法。于是，他设立奖金的基本宗旨和细则的思路明晰了：把它作为推进人类和平与进步事业的动力。具体做法是，通过奖励的办法，为人类寻找和树立社会领袖和科学精英。

秘书惊喜地记录着诺贝尔的话语，记录完毕之后，他挥笔疾书地写道：社会领袖是站在时代的前列，高瞻远瞩，为世界和平与人类幸福，率先垂范，艰苦奋斗，并能把群众的激情引向正道的领袖；科学精英是科学领域无私无畏的探索者，为人类的文明与进步孜孜不倦地追求真理的英雄。秘书写完这几句话，他看了看面前的诺贝尔先生——人类文明的英雄人物。他在内心深处对诺贝尔鞠躬……

1895年11月27日，诺贝尔基于上述思想，在巴黎亲笔写下了他最后的遗嘱。该遗嘱的要点是："我所留下的全部可变换为现金的财产，将以下列方式予以处理：这份资本将由我的执行者投资于安全的证券方面，并将构成一种基金，它的利息每年将以奖金的形式，分配给那些在前一年里曾为人类做出最大贡献的人。上述利息将被平分为5份，其分配办法如下：一份给做出过最重要的化学发现或改进的人；一份给在物理方面做出最重要发现或发明的人；一份给在生理和医学领域做出过最重要发现的人；一份给曾为促进国家之间的友好、为废除或裁

减常备军队以及为举行与促进和平会议做出过最大或最好工作的人；一份给在文学方面曾创作出有理想主义倾向的最杰出作品的人。物理和化学奖金，将由瑞典自然科学院授予；文学奖金，由在斯德哥尔摩的科学院授予；生理或医学奖金，由在斯德哥尔摩的卡罗琳医学院授予；和平战士奖金，由挪威议会选出的一个5人委员会来授予。我的愿望是，在颁发这些奖金的时候，对于授奖候选人的国籍丝毫不予考虑，不管他是不是斯堪的纳维亚人，只要他值得，就应该受予奖金。"

秘书整理完毕诺贝尔的遗嘱内容，交给诺贝尔的家人和律师保管。在死神一步步地向他逼近时，诺贝尔急于完成的有两件事：一件是财产的处理问题，随着遗嘱的确立已圆满地解决了；另一件则是一般人都想象不到的，他着手写一曲名为《复仇女神》的四幕剧。他要把这部剧本作为精神财富留给人间。

在他的心目中，遗作与遗嘱是同等重要的，遗嘱是对人类的鼓励，意在把群众的激情引向人类福利事业。遗作则是对人类的警告，意在提醒世人警惕与抨击亵渎人性的丑恶灵魂。

如果说诺贝尔的遗嘱是一道神人显圣的灵光的话，那么他的遗作则是这神人灵魂依托的祥云，循着它可以发现他心灵的隐踪和情感的轨迹；如果说诺贝尔的遗嘱是他外在行为动机的结晶的话，那么他的遗作则是他内在情感的升华。通

过遗嘱和遗作，他把爱和憎留给了人间。

成长加油站

诺贝尔处在人生的晚期却还在检讨自己的所作所为，看看是否符合自己确立的做人准则和道德规范。他设立奖金的基本宗旨和细则的思路是：把它作为推进人类和平与进步事业的动力。具体做法是，通过奖励的办法，为人类寻找和树立社会领袖和科学精英。小朋友，诺贝尔是社会领袖，也是科学精英，希望你将来是社会精英，也是世界领袖。

延伸思考

1.诺贝尔在人生晚期审查自己确立的做人准则和道德规范，小朋友，他的做法对你有什么样的启示？

2.诺贝尔的遗嘱和遗作是什么？他的爱和憎分别是什么？